Héloïse Martel

# La Cuisine

# de l'étudiant

FIRST
Editions

ISBN : 978-2-7540-0500-5

Dépôt légal : 3ᵉ trimestre 2007
Imprimé en Italie
Édition : Élodie Le Joubioux
Mise en page : **MADmac**
Conception couverture : BleuT

Nous nous efforçons de publier des ouvrages qui correspondent à vos attentes et votre satisfaction est pour nous une priorité.
Alors, n'hésitez pas à nous faire part de vos commentaires à :

Éditions First
2 ter, rue des Chantiers, 75005 Paris
Tèl. : 01 45 49 60 00
Fax : 01 45 49 60 01
e-mail : firstinfo@efirst.com

En avant-première, nos prochaines parutions, des résumés de tous les ouvrages du catalogue. Dialoguez en toute liberté avec nos auteurs et nos éditeurs. Tout cela et bien plus sur Internet à www.efirst.com

# Introduction

Beaucoup de travail, beaucoup d'amis, beaucoup de projets, peu de place dans votre studio ou votre chambre, un petit budget, et pas trop de temps : c'est le lot de la majorité des étudiants.

Au quotidien, un de vos problèmes, c'est de vous nourrir. Bien, si possible, pour booster votre forme, alimenter vos neurones et flatter vos papilles. Les sandwicheries, les fast-foods, les soupes en sachet, on s'en lasse vite. Les plats prêts à réchauffer, ils sont chers, souvent trop chargés de sel et de graisses. Faire la cuisine, ce n'est pas votre truc ? Pourtant, si vous organisez bien votre espace « cuisine », si vous êtes un tout petit peu gourmand, et si vous choisissez des recettes adaptées, vous allez vite apprécier de préparer vous-même vos repas et de recevoir vos copains.

On parie ?

# Votre coin cuisine

Inutile d'avoir beaucoup de matériel, mais ayez si possible des ustensiles de qualité. Ils dureront longtemps et vous faciliteront la vie : deux casseroles et une cocotte avec couvercle, à revêtement antiadhésif pour une cuisson saine et un nettoyage rapide, un plat à four, un moule à tarte, un moule à cake, deux saladiers, des ramequins en porcelaine, des récipients hermétiques, un couteau économe pour éplucher les légumes, deux couteaux bien aiguisés pour trancher, une cuiller en bois, un fouet, une passoire en alu, un verre doseur, une moulinette pour hacher les herbes

*Ultra-pratiques :* un mixeur pour préparer les potages et hacher les aliments, un batteur pour les œufs en neige.

Côté provisions, prévoyez d'avoir toujours dans votre placard sel, poivre, quelques épices en bocaux, huile d'olive, vinaigre, moutarde, citron en petite bouteille plastique, sucre en poudre, farine. Bien utile pour improviser un petit croque, les soirs de fringale : du pain de mie longue conservation et quelques conserves de thon et de sardines, de la crème longue conservation.

Dans le département congélo de votre frigo : des herbes, de l'ail, de l'oignon, du poisson surgelé.

Limitez la vaisselle qui encombre : servez dans des verres gobelets ou des coupelles. Rien de plus tendance que le pot à moutarde quand il est joliment garni. Les coupelles sont aussi utiles pour les soupes que pour les salades, les entrées ou les desserts.

## Les justes proportions

Pour ne pas affamer vos copains, ni avoir des restes pendant une semaine, prévoyez juste. Comptez par personne :

- 130 à 150 g de poisson
- 100 à 130 g de viande
- 200 g de légumes verts
- 80 g de féculents crus (riz, pâtes sèches, semoule…)
- 250 ml de potage

## Les équivalences

Vous n'avez peut-être pas de balance ou de verre doseur à votre disposition. Voici un tableau qui facilitera la réalisation de vos recettes.

|  | 1 cuil. à café rase | 1 cuil. à soupe rase |
|---|---|---|
| **Beurre** | 4 g | 12 g |
| **Eau** | 0,5 cl | 1 cl |
| **Farine** | 5 g | 15 g |
| **Gruyère râpé** | 10 g | 25 g |
| **Huile** | 5 g | 16 g |
| **Miel** | 5 g | 18 g |
| **Riz** | 10 g | 20 g |
| **Sel** | 5 g | 15 g |
| **Sucre** | 6 g | 20 g |

## Des idées

Vous avez la flemme de prendre un vrai petit déjeuner ? vous ne résisterez pas à nos recettes idéales aussi pour la pause entre deux révisions, ou une petite faim nocturne : cake aux noix, gâteau aux flocons d'avoine, biscuit à l'orange.

Vous voulez inviter les copains, mais vous êtes saturé de pizzas ? préparez par exemple une grosse salade de papillons au thon, au basilic et à la mozzarella.

Vous cherchez à changer du banal steak haché ? osez le bœuf haché à la thaïe ou une pita au bœuf douce et parfumée.

Les yaourts vous paraissent bien fades ? égayez-les avec des pommes, des bananes, du miel, du café.

Votre maman vous recommande de manger des fruits ? écoutez-la et régalez-vous avec une poêlée d'ananas, des tartines aux figues, des oranges rôties.

Ce Petit Livre vous propose plus de 130 recettes, des entrées au dessert, pour vous faire plaisir, vous donner le moral, à déguster en solo ou à partager avec vos amis.

L'icône « four » indique que le plat nécessite la possession d'un four.

L'icône « casserole » indique que le plat est préparé dans une casserole, une poêle ou une cocotte. L'absence d'icône indique que le plat se prépare sans cuisson.

# ENTRÉES, SALADES, ŒUFS ET PLATS AU FROMAGE

•

## BRICKS À LA RICOTTA ET À LA MENTHE

**4 pers.**  **Préparation : 15 min**  **Cuisson : 15 min**

8 feuilles de brick • 200 g de ricotta • 2 cuil. à soupe de pignons • 4 branches de menthe • 1 citron non traité • 4 pincées de noix de muscade râpée • 4 pincées de cannelle • 2 cuil. à soupe d'huile d'olive • sel, poivre

### Réalisation

Râpez le zeste du citron. Mettez-le dans un saladier avec la cannelle, la noix de muscade, du sel, du poivre, et la ricotta. Écrasez à la fourchette.

Faites griller les pignons à sec dans une poêle, ajoutez-les. Ciselez finement les feuilles de menthe, ajoutez-les également.

Préchauffez le four th. 5 (150 °C). Mettez un torchon humide sur le plan de travail. Superposez les feuilles de brick 2 par 2. Garnissez-les d'un peu de préparation et repliez-les en triangles. Badigeonnez les triangles d'huile et déposez-les sur la plaque du four. Faites cuire pendant 15 minutes. Laissez tiédir avant de déguster.

# BRIOCHES FARCIES

**4 pers.**     **Préparation : 10 min   Cuisson : 10 min**

4 brioches rondes individuelles • 8 œufs • 2 cuil. à soupe de crème • 50 g de gruyère râpé • 20 g de beurre • sel, poivre

## Réalisation

Retirez le chapeau des brioches, retirez délicatement un peu de mie sans percer la croûte. Mettez les brioches évidées et leur chapeau sur la plaque du four et faites-les réchauffer.

Battez les œufs en omelette dans un saladier avec la crème et le gruyère, salez, poivrez.

Faites fondre le beurre dans une casserole, versez les œufs et laissez-les cuire à feu très doux en mélangeant constamment avec un fouet. Dès que les œufs sont pris, retirez la casserole sans cesser de mélanger.

Retirez les brioches du four, répartissez les œufs

brouillés dans chaque brioche et replacez les chapeaux. Servez immédiatement.

**Variantes :** remplacez le gruyère râpé par des petites crevettes, ou du jambon haché, ou encore de la ciboulette ciselée.

# BRUSCHETTA AU JAMBON ET AU CHÈVRE

**4 pers.**  **Préparation : 5 min  Cuisson : 10 min**

4 grandes tranches de pain de campagne • 4 tranches de jambon de pays très fines • ½ chèvre bûche • 4 cuil. à soupe d'huile d'olive • poivre

## Réalisation

Préchauffez le four th. 7 (210 °C). Déposez sur chaque tranche de pain de campagne 1 tranche de jambon pliée en deux, 2 rondelles de chèvre. Arrosez d'un peu d'huile, poivrez et faites gratiner pendant 5 à 10 minutes. Dégustez tiède.

# BRUSCHETTA AUX OLIVES

**4 pers.**    **Préparation : 10 min   Cuisson : 10 min**

4 grandes tranches de pain de campagne • 1 boule de mozzarella • 12 olives vertes dénoyautées • 12 olives noires dénoyautées • 2 cuil. à soupe d'huile d'olive • 2 cuil. à soupe d'herbes de Provence • sel, poivre

## Réalisation

Coupez la mozzarella en tranches fines, déposez-les sur les tranches de pain. Détaillez les olives en petits morceaux, répartissez-les sur le fromage, saupoudrez d'herbes de Provence et arrosez d'un filet d'huile. Déposez les bruschetta sur la plaque du four et faites gratiner pendant 5 à 10 minutes, le temps que le fromage fonde. Dégustez tiède.

# CAKE AU CHORIZO

**4 pers.**   **Préparation : 15 min   Cuisson : 55 min**

---

4 œufs • 150 g de farine • 1 sachet de levure • 15 dl de lait •
2 poivrons rouges • 2 courgettes • 10 tranches de chorizo •
4 cuil. à soupe d'huile d'olive • sel, poivre

---

## Réalisation

Pelez les poivrons avec un couteau économe, épépinez-les, retirez les parties blanches, puis coupez
la chair en dés.

Lavez et essuyez les courgettes, retirez les extrémités
et coupez-les en dés également.

Faites fondre deux cuillerées à soupe d'huile dans une
poêle, faites revenir les poivrons et les courgettes en
mélangeant pendant 10 minutes. Coupez les tranches
de chorizo en 4, ajoutez-les et poursuivez la cuisson
pendant 5 minutes.

Cassez les œufs dans un saladier, battez-les, ajoutez
la farine et la levure en fouettant énergiquement
pour éviter les grumeaux, puis versez le lait, salez,
poivrez.

Préchauffez le four th. 6 (180 °C). Huilez le moule
à cake.

Coupez la mozzarella en petits dés, mettez-la dans la pâte, ainsi que le contenu de la poêle. Mélangez bien et versez dans le moule à cake. Enfournez et laissez cuire pendant 45 minutes. Laissez reposer pendant 10 minutes, puis démoulez. Dégustez ce cake à température ambiante.

# CAPPUCINO DE CONCOMBRE À L'ANETH

**4 pers.** **Préparation : 10 min** **Cuisson : 15 min**

2 concombres • 1 citron • 2 yaourts à boire • 20 cl de crème • 1 bouquet d'aneth • sel, poivre

## Réalisation

Pelez les concombres, coupez-les en tronçons. Coupez chaque tronçon en 2 et enlevez les graines. Pressez le citron.

Mixez la chair de concombre avec les yaourts, la crème, le jus de citron, du sel, du poivre. Versez dans 4 verres et parsemez de brins d'aneth. Servez très frais.

**Variantes :** remplacez les concombres par des courgettes cuites à la vapeur et l'aneth par de la menthe.

# CHAMPIGNONS MARINÉS

**4 pers.**  Prép. : 5 min  Cuisson : 15 min  Réfrigération : 2 h

400 g de champignons • 2 oignons • 1 gousse d'ail • 1 feuille de laurier • ½ citron • 2 cuil. à soupe de vinaigre de vin blanc • 2 cuil. à soupe d'huile d'olive • 1 cuil. à soupe de concentré de tomate • sel, poivre

## Réalisation

Coupez le pied terreux des champignons, lavez-les et épongez-les. Coupez-les en lamelles et placez-les dans une casserole. Pelez les oignons et l'ail, émincez-les et ajoutez-les. Pressez le demi-citron, versez le jus dans la casserole, ainsi que le vinaigre, l'huile, le concentré de tomate. Salez, poivrez et ajoutez la feuille de laurier. Faites cuire à feu très doux pendant 15 minutes en ajoutant un peu d'eau si nécessaire. Laissez refroidir, versez dans un saladier et placez au réfrigérateur pendant au moins 2 heures.

# CLAFOUTIS DE TOMATES AU PARMESAN ET AU BASILIC

**4 pers.**   **Préparation : 10 min   Cuisson : 35 min**

> 6 œufs • 5 tomates • 100 g de parmesan râpé • 4 branches de basilic • 2 cuil. à soupe d'huile d'olive • 1 dl de lait • sel, poivre

## Réalisation

Préchauffez le four th. 6 (180 °C). Coupez les tomates en tranches fines.

Faites chauffer 1 cuillerée d'huile d'olive dans une casserole, ajoutez les tomates, un peu de sel et de poivre, et laissez cuire à feu très doux pendant 5 minutes en remuant de temps à autre. Réservez.

Battez les œufs en omelette dans un saladier, ajoutez le lait, du sel et du poivre, ainsi que le basilic. Mélangez bien, puis incorporez la fondue de tomates et le parmesan.

Huilez un moule à manqué, versez-y la préparation, enfournez et faites cuire 30 minutes en surveillant la couleur. Servez tiède.

# CRÈMES AU CONCOMBRE

**4 pers.** **Préparation : 5 min**

1 concombre • 4 yaourts bulgares nature • 4 branches d'aneth • sel, poivre

## Réalisation

Pelez le concombre, égrainez-le et coupez la chair en rondelles. Mixez le concombre avec les yaourts, du sel et un peu de poivre. Hachez l'aneth, ajoutez-le. Versez dans 4 verres et servez très frais.

# CROQUE BÉCHAMEL

**4 pers.** **Préparation : 15 min** **Cuisson : 30 min**

8 tranches de pain de mie • 4 œufs • 200 g de talon de jambon • 100 g de gruyère râpé • 30 g de beurre • 1 cuil. à soupe de farine • 30 cl de lait • sel, poivre

## Réalisation

Faites bouillir de l'eau dans une casserole, déposez délicatement les œufs et laissez-les cuire pendant

10 minutes, puis rafraîchissez-les sous l'eau du robinet et écalez-les. Coupez-les en dés.

Coupez le jambon en petits dés.

Faites fondre le beurre dans une casserole, saupoudrez-le de farine, mélangez bien et arrosez peu à peu avec le lait en fouettant. Salez, poivrez et laissez cuire pour obtenir une crème épaisse. Incorporez les œufs, le jambon, le fromage râpé, mélangez bien. Tartinez les tranches de pain de mie avec cette préparation. Déposez-les sur la plaque du four et faites gratiner pendant 10 minutes. Servez chaud ou tiède.

**Variante :** ajoutez à la béchamel un peu de curry.

# CROQUE MOZZA À LA TOMATE

**4 pers.**  **Préparation : 15 min  Cuisson : 15 min**

16 tranches de pain de mie • 4 tomates grappe • 200 g de mozzarella • 4 tranches de jambon • 30 g de beurre • 4 cuil. à soupe d'huile d'olive • 4 cuil. à café de thym effeuillé • sel, poivre

## Réalisation

Coupez la mozzarella et les tomates en 8 tranches. Découennez et dégraissez les tranches de jambon, coupez chacune en 4.

Beurrez légèrement les tranches de pain de mie et composez les croques en superposant sur une tranche de pain un morceau de jambon, une rondelle de tomate, un peu de thym, de sel et de poivre, une tranche de mozzarella, un morceau de jambon, puis une tranche de pain.

Faites chauffer l'huile dans une poêle, faites dorer les croques à feu moyen, retournez-les délicatement et poursuivez la cuisson à feu doux jusqu'à ce que le fromage soit fondu. Servez chaud ou tiède.

.../

**Notre conseil :** vous pouvez faire cuire ces croques dans un gaufrier.

# FRITTATA AUX POMMES DE TERRE ET AUX LARDONS

| 4 pers. | Préparation : 15 min | Cuisson : 35 min |
|---|---|---|

4 pommes de terre • 200 g d'allumettes de lardons fumés • 1 oignon • 8 œufs • 20 cl de crème • sel, poivre

## Réalisation

Mettez les pommes de terre dans une casserole, recouvrez-les d'eau, portez à ébullition, puis baissez le feu et laissez cuire pendant 20 minutes environ. Égouttez-les, laissez-les un peu refroidir, puis épluchez-les et coupez-les en rondelles.

Épluchez l'oignon, hachez-le.

Faites revenir les allumettes de lardons à sec dans une poêle pendant 2 minutes, puis ajoutez l'oignon et les pommes de terre. Laissez dorer pendant 5 minutes. Pendant ce temps, battez les œufs en omelette avec la crème, salez, poivrez. Versez les œufs battus dans la poêle et laissez cuire à feu doux. Quand les œufs sont presque pris, couvrez la poêle avec un grand plat rond, retournez-la et faites glisser la frittata dans la poêle pour faire dorer l'autre face. Poursuivez la cuisson à feu doux pendant 5 minutes et versez sur le plat. Servez chaud ou tiède.

**Variante :** remplacez les lardons par des allumettes de jambon.

# GALETTES À LA BROUILLADE ET AU JAMBON DE PAYS

**(4 grandes galettes)**

| 4 pers. | Préparation : 15 min   Cuisson : 10 min |  |

> 4 crêpes de sarrasin • 4 œufs • 4 tranches fines de jambon de pays • 20 g de beurre

## Réalisation

Faites réchauffer les crêpes de sarrasin avec une noisette de beurre dans une poêle, disposez-les sur 4 assiettes.

Battez les œufs en omelette, salez légèrement, poivrez. Émincez le jambon de pays, ajoutez-le aux œufs battus. Faites fondre le reste de beurre dans une casserole. Versez les œufs et placez-la au bain-marie. Faites cuire la brouillade sans cesser de remuer au fouet. Dès que les œufs deviennent crémeux, retirez la casserole du feu et répartissez-les sur les galettes chaudes. Repliez les galettes en chausson et servez immédiatement.

**Variantes :** remplacez le jambon de pays par du jambon blanc et ajoutez un peu de gruyère râpé.

## LA PELA

**4 pers.**  **Préparation : 15 min  Cuisson : 45 min**

1 kg de pommes de terre • 2 oignons • 1 reblochon à point • 50 g de beurre

### Réalisation

Épluchez et émincez les oignons. Pelez les pommes de terre, coupez-les en dés.

Écroûtez le reblochon.

Faites fondre le beurre dans une sauteuse, mettez les oignons et les pommes de terre, faites-les dorer à feu vif, puis baissez le feu et poursuivez la cuisson environ 15 minutes. Déposez alors dans la sauteuse le reblochon, couvrez et laissez fondre le fromage pendant environ 30 minutes. Servez très chaud.

# MOUSSE DE CHÈVRE FRAIS AUX CÂPRES ET AUX TOMATES CONFITES

**4 pers.** **Préparation : 10 min**

2 chèvres frais (type Petit Billy) • 8 tomates confites • 2 cuil. à soupe de câpres • 2 cuil. à soupe de vinaigre balsamique • 2 cuil. à soupe de Worcestershire sauce • 3 cuil. à soupe d'huile d'olive • ½ bouquet de ciboulette • sel, poivre

## Réalisation

Ciselez la ciboulette, gardez-en 2 cuillerées à café pour le décor. Coupez les tomates confites en petits dés. Mixez les fromages avec l'huile, le vinaigre, la Worcestershire sauce, du sel et du poivre, ajoutez la ciboulette ciselée, les câpres et les dés de tomates confites. Répartissez cette mousse dans 4 verres et décorez avec les brins de ciboulette réservés. Mettez au frais en attendant de servir.

# MOUSSE DE COURGETTES AU CHÈVRE ET AU BASILIC

**4 pers.**  **Préparation : 10 min**  **Cuisson : 10 min**

> 800 g de courgettes • 200 g de chèvre frais • 2 cuil. à soupe d'huile d'olive • 4 branches de basilic • sel, poivre

## Réalisation

Lavez les courgettes, ôtez les extrémités et coupez-les en rondelles. Mettez-les dans une casserole, recouvrez-les d'eau, salez et laissez-les cuire pendant environ 10 minutes.

Égouttez les courgettes et laissez-les refroidir.

Pendant ce temps, ciselez très finement les feuilles de basilic. Écrasez le chèvre à la fourchette dans un saladier avec du sel, du poivre, l'huile et le basilic. Ajoutez enfin les courgettes. Écrasez-les, mélangez bien. Répartissez la mousse dans 4 ramequins. Décorez d'une feuille de basilic.

# ŒUFS BASQUAISE

**4 pers.** **Préparation : 15 min** **Cuisson : 20 min**

8 œufs • 4 tranches de jambon de pays • 4 tomates •
2 poivrons verts • 2 oignons • 4 cuil. à soupe d'huile d'olive •
2 pincées de piment d'Espelette • sel

## Réalisation

Épluchez et hachez les oignons. Pelez les poivrons, ôtez les graines et les parties blanches, et coupez la chair en dés. Pelez les tomates, épépinez-les et coupez la pulpe en dés. Faites chauffer l'huile dans une cocotte, mettez les légumes, faites-les fondre à feu doux en mélangeant, salez légèrement, ajoutez le piment et laissez cuire pendant 10 minutes en remuant souvent.

Faites griller les tranches de jambon à sec dans une poêle en les retournant à mi-cuisson. Battez les œufs en omelette dans un bol, versez-les sur les légumes et laissez-les cuire en mélangeant constamment jusqu'à ce qu'ils soient pris. Versez dans un plat, disposez les tranches de jambon sur les œufs.

# OMELETTE AU CHÈVRE ET À LA MENTHE

**4 pers.**    Préparation : 5 min   Cuisson : 5 min

8 œufs • 150 g de chèvre frais (type Petit Billy) • 2 branches de menthe fraîche • 3 cuil. à soupe d'huile d'olive • sel, poivre

## Réalisation

Cassez les œufs dans un saladier, salez, poivrez et ajoutez 2 cuillerées à soupe d'eau. Battez-les à la fourchette. Coupez le chèvre en petits dés. Effeuillez et ciselez la menthe.

Faites chauffer l'huile dans une poêle, versez les œufs et faites cuire l'omelette à feu moyen. Lorsque les œufs sont presque pris, répartissez les dés de chèvre et la menthe. Couvrez pour faire fondre le fromage, poursuivez la cuisson pendant 2 minutes. Repliez l'omelette en chausson et servez sans attendre.

# PIZZA REINE MAISON

**4 pers.**   **Préparation : 20 min   Cuisson : 30 min**

250 g de pâte à pain • 1 brique de coulis de tomates nature •
400 g de talon de jambon • 2 boules de mozzarella •
200 g de champignons • 4 cuil. à soupe d'huile d'olive •
2 cuil. à soupe d'origan • sel, poivre

## Réalisation

Lavez et essuyez les champignons, émincez-les. Faites
chauffer 1 cuillerée d'huile d'olive dans une poêle,
faites revenir doucement les champignons en remuant
pendant 10 minutes. Leur eau doit être évaporée.
Salez, poivrez. Coupez le jambon en petits dés et la
mozzarella en tranches fines.

Préchauffez le four th. 6 (180 °C). Étalez finement
la pâte à pain avec un rouleau à pâtisserie fariné.
Disposez-la dans un moule à tarte. Versez le coulis de
tomates sur toute la surface de la pâte en évitant les
bords. Disposez les dés de jambon, les champignons
et les tranches de mozzarella. Saupoudrez d'origan
et arrosez d'huile d'olive. Enfournez et laissez cuire
environ 25 minutes. Le bord de la pizza doit être
doré.                                            …/

**Notre conseil :** vous n'avez pas de rouleau à pâtisserie, utilisez une bouteille vide lavée, essuyée et farinée.

**Variantes :** ajoutez des olives, des câpres, remplacez le jambon et les champignons par des anchois, des poivrons.

# RILLETTES DE SAUMON AU POIVRE VERT

| 4 pers. | Préparation : 10 min   Cuisson : 10 min |
| --- | --- |

600 g de saumon frais • 25 cl de crème • 1 cuil. à soupe de poivre vert • 1 citron • sel

## Réalisation

Mettez le saumon dans une casserole, recouvrez-le d'eau, portez à ébullition, puis stoppez la cuisson et laissez pocher pendant 10 minutes. Égouttez le saumon et laissez-le refroidir. Concassez le poivre vert. Pressez le citron, mélangez le jus avec la crème et le poivre, salez. Écrasez le saumon à la fourchette en ajoutant peu à peu le mélange de crème. Goûtez pour vérifier l'assaisonnement. Répartissez les rillettes dans 4 ramequins et placez au frais en attendant de servir.

**Variante :** remplacez le saumon par du thon au naturel en boîte ou encore des sardines en conserve. Vous ferez l'économie du temps de cuisson. Servez avec du pain grillé.

# SALADE DE CHÈVRE CHAUD AU MAGRET FUMÉ

| 4 pers. | Préparation : 10 min  Cuisson : 15 min |
|---|---|

---

1 sachet de mâche • 1 sachet de magrets de canard fumés •
4 crottins • 8 tomates cerises • 4 tranches de pain de mie •
2 cuil. à soupe de pignons • 1 cuil. à soupe de vinaigre
balsamique • 3 cuil. à soupe d'huile de noix • sel, poivre

## Réalisation

Préchauffez le four th. 6 (180 °C). Mettez les tranches de pain de mie sur la plaque du four, déposez sur chacune un crottin et faites fondre pendant 15 minutes.

Rincez la mâche, égouttez-la, mettez-la dans un saladier. Coupez les tomates cerises en 2, ajoutez-les. Enlevez le gras des tranches de magret et déposez-les sur la salade. Battez le vinaigre et l'huile avec un peu de sel et de poivre dans un bol, versez sur la salade, mélangez. Répartissez la salade sur 4 assiettes ou dans 4 coupelles et déposez dessus les toasts au crottin. Parsemez de pignons.

**Variante :** ajoutez des champignons crus émincés et citronnés pour qu'ils ne noircissent pas.

## SALADE D'ENDIVES AUX LARDONS

| 4 pers. | Préparation : 10 min | Cuisson : 5 min |
|---|---|---|

4 endives • 200 g d'allumettes de lard fumé • 2 cuil. à soupe de cerneaux de noix • 1 cuil. à café de moutarde à l'ancienne • 1 cuil. à café de vinaigre de vin • 2 cuil. à soupe d'huile de noix • sel, poivre

### Réalisation

Dans un saladier, mélangez la moutarde avec le vinaigre, du sel et du poivre, et versez l'huile en filet en fouettant pour obtenir une sauce épaisse.

Lavez les endives, épongez-les et enlevez les feuilles flétries. Coupez-les en rondelles, mettez-les dans le saladier.

Faites griller les allumettes de lard à sec dans une poêle pendant 5 minutes, versez-les sur les endives. Parsemez de cerneaux de noix concassés.

**Notre conseil :** en épluchant les endives, ôtez avec un couteau pointu le cône situé à la base, responsable de l'amertume.

## SALADE DE MOZZARELLA À LA COPPA ET AUX PIGNONS

**4 pers.**   **Préparation : 15 min**

---

1 sachet de roquette • 2 boules de mozzarella • 4 tomates cerises • 2 cuil. à soupe de pignons • 12 à 16 tranches fines de coppa • 1 cuil. à soupe de vinaigre balsamique • 3 cuil. à soupe d'huile d'olive • sel, poivre

---

### Réalisation

Rincez et essorez la roquette. Détaillez la mozzarella en tranches fines. Coupez les tomates cerises en 2. Dans un bol, mélangez le vinaigre balsamique, l'huile, du sel et du poivre.

Répartissez la roquette sur 4 assiettes, arrosez-la de

sauce. Disposez sur la salade les tranches de coppa et de mozzarella, décorez chaque assiette de 2 moitiés de tomate cerise et parsemez de pignons.

**Notre conseil :** afin que les pignons soient croquants et parfumés, faites-les griller à sec dans une poêle pendant quelques minutes sans les faire brûler.

## SALADE DE POMMES AU PIMENT

| 4 pers. | Préparation : 10 min |
| --- | --- |

2 pommes • 150 g de fromage de brebis • 1 cuil. à soupe de piment d'Espelette • 1 cuil. à soupe de vinaigre de vin à la framboise • 3 cuil. à soupe d'huile d'olive • 6 brins de ciboulette • sel, poivre

### Réalisation

Mélangez le vinaigre avec l'huile, du sel et du poivre dans un saladier. Coupez le fromage en petits dés, ajoutez-les.

Épluchez les pommes, coupez-les en petits dés, mettez-les dans le saladier, saupoudrez de piment et mélangez bien. Répartissez dans 4 verres et décorez de ciboulette ciselée. Servez frais.

# SALADE ITALIENNE

**4 pers.** **Préparation : 10 min**

1 sachet de roquette • 1 boule de mozzarella • 50 g de parmesan • 3 cuil. à soupe de tomates séchées • 2 cuil. à soupe de câpres • 1 cuil. à soupe de vinaigre balsamique • 3 cuil. à soupe d'huile d'olive • sel, poivre

## Réalisation

Mélangez dans un saladier le vinaigre balsamique et l'huile d'olive avec un peu de sel et de poivre.

Rincez et essorez la roquette, mettez-la dans le saladier.

Détaillez la mozzarella et les tomates séchées en petits dés, disposez-les sur la salade. Ajoutez les câpres. Mélangez.

Taillez des copeaux dans le parmesan avec un couteau économe, déposez-les délicatement sur la salade. Servez frais.

# SALADE JAPONAISE

**4 pers.**   **Préparation : 10 min**

3 carottes • 1 radis noir • 1 concombre • 1 citron vert • 4 cuil. à soupe de sauce soja

## Réalisation

Pelez les carottes et le radis. Râpez-les. Lavez le concombre, ne le pelez pas, coupez-le en tranches très fines. Pressez le citron, versez le jus dans un bol, ajoutez la sauce de soja, mélangez bien.

Répartissez les légumes râpés et les tranches de concombre dans 4 coupelles, arrosez de sauce.

# SALADE LIBANAISE

**4 pers.**  **Préparation : 20 min**

3 tomates • 1 concombre • 2 oignons rouges • 12 radis •
1 grosse poignée de pourpier • ½ bouquet de persil
plat • ½ bouquet de menthe • 2 gousses d'ail • 1 citron •
1 cuil. à soupe de vinaigre de vin • 6 cuil. à soupe d'huile
d'olive • 1 cuil. à soupe de thym effeuillé • 2 pains pita •
sel, poivre

## Réalisation

Pelez et épépinez les tomates, coupez-les en petits
morceaux. Pelez le concombre, coupez-le en tranches
fines. Épluchez les oignons, émincez-les. Épluchez
et lavez les radis, coupez-les en rondelles. Lavez et
essorez le pourpier. Ciselez les herbes. Mettez dans
un saladier tous ces ingrédients.

Pressez le citron. Épluchez les gousses d'ail et écrasez-les au-dessus d'un bol. Ajoutez du sel, le jus de
citron, le vinaigre, le thym et l'huile, mélangez bien.
Versez la sauce sur la salade et mélangez.

Faites griller les pains et coupez-les en petits morceaux,
disposez-les sur la salade juste avant de servir.

# SALADE MÉDITERRANÉENNE

**4 pers.**    **Préparation : 10 min**

6 tomates • 2 petits oignons • 1 gousse d'ail • 20 olives noires
dénoyautées • 1 cuil. à soupe de câpres • 2 cuil. à soupe de
jus de citron • 4 cuil. à soupe d'huile d'olive • poivre

## Réalisation

Lavez et essuyez les tomates, coupez-les en rondelles
et disposez-les sur le plat de service.

Épluchez l'ail et l'oignon, mixez-les avec les olives,
les câpres, l'huile, le jus de citron et un peu de poivre. Versez cette sauce sur les tomates. Servez bien
frais.

**Variantes :** pour un plat plus complet, ajoutez des
anchois, du thon, du fromage comme de la feta, de
la mozzarella ou du chèvre.

# SOUPE À L'OIGNON GRATINÉE

**4 pers.** **Préparation : 15 min** **Cuisson : 15 min**

400 g d'oignons • 2 cubes de bouillon de bœuf •
150 g de gruyère râpé • ½ baguette ou 8 tranches de pain
de campagne • 2 cuil. à soupe d'huile • poivre

## Réalisation

Pelez et émincez finement les oignons. Faites chauffer
l'huile dans une casserole, faites fondre les oignons
à feu doux en les mélangeant souvent pendant
5 minutes.

Faites dissoudre les cubes de bouillon dans 1 litre
d'eau bouillante, versez sur les oignons et faites cuire
doucement pendant 10 minutes.

Coupez la baguette en tranches. Préchauffez le four
th. 7 (210 °C). Versez la soupe dans 4 bols, répartissez les croûtons, parsemez de gruyère râpé et faites
gratiner pendant 5 minutes. Servez très chaud.

**Notre conseil :** si vous n'avez pas de four, mettez les
croûtons et le fromage râpé dans la soupe et couvrez
pour faire fondre le fromage.

# SOUPE ÉPICÉE AU POULET

**4 pers.**　　**Préparation : 15 min　Cuisson : 30 min**

400 g de blanc de poulet • 2 cubes de bouillon de volaille •
2 tiges de citronnelle • 40 g de champignons noirs • 1 citron
vert • 50 cl de lait de coco • 1 cuil. à soupe de sucre •
2 piments oiseaux • sel

## Réalisation

Émincez le blanc de poulet. Pressez le citron. Lavez
les piments, ouvrez-les en deux et retirez les graines.
Coupez-les en tout petits morceaux.

Mettez les cubes de bouillon de volaille dans une
cocotte, versez 1 litre d'eau, ajoutez les tiges de
citronnelle coupées en tronçons, les champignons
noirs, le jus de citron et les lanières de poulet. Salez.
Faites cuire à petits bouillons pendant 15 minutes.
Versez le lait de coco, et ajoutez les dés de piment.
Prolongez la cuisson pendant 15 minutes. Répartissez
dans 4 bols et servez bien chaud.

**Notre conseil :** faites attention en préparant les piments ;
leur suc étant très irritant pour les muqueuses, lavez-
vous les mains juste après les avoir manipulés.

# TARTE À LA TOMATE, AU JAMBON ET À LA MOUTARDE

**4 pers.**   **Préparation : 15 min   Cuisson : 30 min**

1 rouleau de pâte brisée • 4 tomates • 400 g de talon de jambon • 100 g d'emmenthal • 2 cuil. à soupe de moutarde forte • 2 cuil. à soupe de thym effeuillé • sel, poivre

## Réalisation

Préchauffez le four th. 7 (210 °C). Garnissez un moule à tarte de pâte en conservant le papier de cuisson. Coupez les tomates et l'emmenthal en tranches fines. Détaillez le talon de jambon en dés. Tartinez la pâte de moutarde, disposez dessus les dés de jambon, les rondelles de tomates et les tranches de fromage. Saupoudrez de thym, salez légèrement, poivrez. Enfournez et laissez cuire 30 minutes. Servez chaud ou tiède.

# TARTE AUX FROMAGES

**4 pers.**     **Préparation : 10 min   Cuisson : 30 min**

> 1 fond de pâte brisée • 6 œufs • 25 cl de crème • 300 g de fromages divers • sel, poivre, noix de muscade

## Réalisation

Préchauffez le four th. 6 (180 °C). Garnissez un moule à tarte de pâte en laissant le papier de cuisson.

Coupez les fromages tendres en petits dés, râpez les fromages à pâte dure.

Battez les œufs en omelette dans un saladier avec la crème, du sel, du poivre et un peu de noix de muscade râpée. Ajoutez les fromages. Versez sur la pâte et enfournez. Laissez cuire pendant 30 minutes. Servez chaud ou tiède.

**Notre conseil :** cette recette permet d'utiliser les restes de fromages. Roquefort et tous les fromages à pâte persillée, gruyère et tous les fromages à pâte dure, chèvre et tous les fromages à pâte molle. Si vous n'avez pas de restes, achetez plusieurs variétés de fromages.

# TERRINE AUX PETITS LÉGUMES ET AU BASILIC

**4 pers.** **Préparation : 10 min Cuisson : 1 h**

400 g de macédoine de légumes • 4 œufs • 25 cl de crème liquide • 2 cuil. à soupe de farine • 4 branches de basilic • 20 g de beurre • sel, poivre

## Réalisation

Égouttez la macédoine.

Préchauffez le four th. 7 (210 °C). Beurrez un moule à cake.

Battez les œufs avec la farine, la crème, le basilic, du sel et du poivre. Ajoutez la macédoine.

Versez dans le moule et faites cuire au bain-marie pendant 45 minutes. Laissez refroidir pendant 1 heure avant de démouler. Placez au réfrigérateur jusqu'au moment de servir.

**Notre conseil :** accompagnez cette terrine de coulis de tomates au basilic ou encore de crème fraîche citronnée.

# TORTILLA

**4 pers.**    **Préparation : 15 min   Cuisson : 40 min**

> 800 g de pommes de terre • 8 œufs • 3 cuil. à soupe d'huile • sel, poivre

## Réalisation

Épluchez les pommes de terre, lavez-les, séchez-les dans un torchon et coupez-les en gros dés. Faites chauffer l'huile dans une grande poêle, mettez les pommes de terre et faites-les dorer à feu moyen en les remuant souvent pendant 30 minutes environ.

Battez les œufs en omelette dans un saladier, salez, poivrez et versez-les sur les pommes de terre. Laissez cuire à feu doux jusqu'à ce que les œufs soient presque pris. Couvrez la poêle avec un plat rond et renversez la tortilla sur le plat, puis faites-la glisser dans la poêle. Faites dorer l'autre face de la tortilla pendant 3 minutes à feu doux. Servez chaud, tiède ou froid.

# VELOUTÉ DE CAROTTES AUX CREVETTES

**4 pers.**   **Préparation : 10 min   Cuisson : 30 min**

> 500 g de carottes • 1 oignon • 1 cube de bouillon de légumes •
> 30 g de beurre • 2 cuil. à soupe de crème • 1 cuil. à soupe de
> cumin en poudre • 300 g de crevettes roses décortiquées •
> sel, poivre

## Réalisation

Pelez les carottes, coupez-les en rondelles fines.
Épluchez l'oignon, émincez-le. Faites fondre le beurre
dans une grande casserole, faites revenir l'oignon et
les carottes à feu doux, salez, poivrez, ajoutez le cube
de bouillon et 1,5 l d'eau chaude. Couvrez et laissez
cuire pendant 30 minutes. Passez la soupe au mixeur,
ajoutez la crème, le cumin et les crevettes. Versez
dans 4 bols à potage et servez bien chaud.

# VELOUTÉ DE CHAMPIGNONS

**4 pers.**     **Préparation : 15 min   Cuisson : 35 min**

800 g de champignons • 400 g de pommes de terre •
2 cubes de bouillon de volaille • 1 jaune d'œuf • 25 cl de
crème • 1 citron • sel, poivre

## Réalisation

Pressez le citron. Lavez soigneusement les champignons après avoir coupé le bout terreux, puis épongez-les et coupez-les en lamelles. Faites fondre 20 g de beurre dans la cocotte, faites revenir les champignons, salez, poivrez et arrosez de jus de citron.

Épluchez les pommes de terre, coupez-les en morceaux, ajoutez-les dans la cocotte. Mettez les cubes de bouillon de volaille et 1 litre d'eau, mélangez bien et couvrez. Laissez cuire à feu doux pendant 30 minutes. Mixez. Délayez le jaune d'œuf avec la crème, versez dans le velouté et mélangez. Vérifiez l'assaisonnement, rectifiez et versez dans 4 bols. Servez chaud.

# POISSONS

•

## CABILLAUD SAUCE AU CITRON ET À L'ESTRAGON

**4 pers.** **Préparation : 10 min** **Cuisson : 10 min**

4 pavés de cabillaud • 1 sachet de fumet de poisson •
2 bouquets d'estragon • 8 cuil. à soupe d'huile d'olive •
1 citron • sel, poivre

### Réalisation

Versez le fumet de poisson dans une casserole, arrosez d'1 litre d'eau et déposez les filets de cabillaud. Portez à ébullition, couvrez et arrêtez le feu. Laissez pocher pendant 10 minutes environ.

Rincez et épongez l'estragon, ciselez très finement les feuilles, mettez-les dans un bol, arrosez-les d'huile. Pressez le citron, ajoutez le jus, salez, poivrez.

Égouttez le cabillaud, déposez les filets sur 4 assiettes, nappez de sauce et servez immédiatement.

**Variantes :** remplacez le cabillaud par du saumon, du merlan, du flétan...

# CREVETTES AU LAIT DE COCO ET AU GINGEMBRE

| 4 pers. | Préparation : 5 min | Cuisson : 5 min |

16 grosses crevettes roses cuites décortiquées • ½ courgette • 4 cm de gingembre • 3 briquettes de lait de coco • 10 brins de ciboulette • sel, poivre

## Réalisation

Épluchez le gingembre, hachez-le.

Lavez et essuyez la demi-courgette, coupez-la en bâtonnets.

Versez le lait de coco dans une casserole, ajoutez le gingembre, du sel et un peu de poivre. Portez à ébullition et laissez réduire de ¼.

Plongez les bâtonnets de courgettes dans le lait de coco bouillant et faites pocher pendant 4 minutes. Ajoutez les crevettes pour les réchauffer pendant 2 minutes.

Répartissez dans 4 assiettes creuses. Parsemez de ciboulette ciselée et servez immédiatement.

# CREVETTES SAUTÉES AUX POIVRONS

**4 pers.** **Préparation : 10 min** **Cuisson : 25 min**

16 à 24 crevettes crues décortiquées • 1 poivron vert • 1 poivron rouge • 6 cuil. à soupe d'huile d'olive • 4 branches de basilic • 4 branches de persil plat • sel, poivre

## Réalisation

Lavez et essuyez les poivrons, ouvrez-les en deux, retirez les graines et les parties blanches, et coupez la chair en petits dés.

Versez l'huile dans une cocotte, ajoutez les poivrons et faites cuire à feu doux pendant 10 minutes en remuant souvent, salez et poivrez.

Ajoutez les crevettes, mélangez bien et prolongez la cuisson 10 minutes.

Lavez et épongez les feuilles de persil et de basilic, ciselez-les finement.

Répartissez la poêlée dans 4 ramequins, parsemez de basilic et de persil. Servez immédiatement.

# MOULES SAUTÉES AU THYM

**4 pers.**     Préparation : 5 min   Cuisson : 5 min

> 1 kg de moules ébarbées • 2 cuil. à soupe de thym effeuillé •
> 1 cuil. à soupe d'huile d'olive • 100 g de beurre demi-sel

## Réalisation

Lavez les moules à grande eau, égouttez-les.

Faites chauffer l'huile dans une cocotte, jetez les moules et parsemez de thym. Faites-les ouvrir à feu vif en secouant sans cesse la sauteuse.

Arrêtez la cuisson dès que les moules sont toutes ouvertes, versez dans le plat de service et parsemez de petits morceaux de beurre salé. Servez immédiatement.

# PANINI AU THON ET AU POIVRON ROUGE

**4 pers.**    **Préparation : 15 min**

---

4 panini • 200 g de thon au naturel égoutté • 1 poivron rouge • 2 petits oignons • 125 g de cheddar • 2 cuil. à soupe de mayonnaise • 1 cuil. à soupe de câpres • sel, poivre

---

## Réalisation

Pelez le poivron avec un couteau économe, coupez-le en deux, épépinez-le et retirez les parties blanches. Coupez la chair en fines lanières. Épluchez et hachez l'oignon. Égouttez les câpres. Coupez le cheddar en lamelles fines. Émiettez le thon.

Faites griller les panini ouverts en deux dans un grille-pain, puis tartinez-les de mayonnaise. Disposez dessus des lanières de poivron, un peu d'oignon haché, quelques câpres, des miettes de thon et des lamelles de fromage. Salez et poivrez. Refermez les panini et dégustez sans attendre.

# PAVÉS DE SAUMON POIVRE ET SEL

**4 pers.**   **Préparation : 5 min   Cuisson : 15 min**

4 pavés de saumon • 4 cuil. à soupe d'huile d'olive • sel de Guérande, poivre mignonnette

## Réalisation

Badigeonnez les pavés de saumon d'huile sur leurs deux faces. Faites-les cuire dans une poêle pendant 3 à 5 minutes sur chaque face à feu moyen, puis poursuivez la cuisson pendant 5 minutes après avoir couvert la poêle.

Mélangez le sel et le poivre. Déposez les pavés dans 4 assiettes, saupoudrez-les du mélange d'épices. Servez immédiatement.

**Notre conseil :** modulez le temps de cuisson du saumon selon l'épaisseur des pavés et votre goût pour le poisson rosé ou bien cuit.

# SALADE DE LENTILLES AU SAUMON

**4 pers.**  **Préparation : 10 min  Cuisson : 15 min**

> 1 boîte de lentilles au naturel • 2 échalotes • 350 g de saumon frais • 150 g de saumon fumé • 1 branche de persil plat • 1 cuil. à soupe de vinaigre de vin • 3 cuil. à soupe d'huile de colza • sel, poivre

## Réalisation

Mettez le saumon frais dans une casserole, recouvrez-le d'eau et portez à ébullition. Arrêtez la cuisson, couvrez et laissez le poisson pocher pendant 10 minutes.

Pendant ce temps, épluchez les échalotes, hachez-les et mettez-les dans un saladier. Versez le vinaigre, l'huile, un peu de sel et de poivre, mélangez. Égouttez les lentilles, versez-les dans le saladier, mélangez. Coupez le saumon fumé en lanières, ajoutez-les à la salade.

Égouttez le saumon, effilochez-le à la fourchette et disposez-le dans le saladier. Mélangez et décorez de feuilles de persil.

# SALADE DE MÂCHE AU SAUMON ET À LA FETA

**4 pers.**    **Préparation : 10 min**

400 g de dés de saumon fumé • 1 sachet de mâche • 200 g de feta • 2 cuil. à soupe de baies roses • 1 cuil. à soupe de vinaigre balsamique • 3 cuil. à soupe d'huile de noix • sel, poivre

## Réalisation

Rincez et essorez la mâche. Coupez la feta en petits dés. Dans un bol, mélangez le vinaigre balsamique, l'huile, un peu de sel et de poivre.

Répartissez dans 4 coupelles un peu de mâche, des dés de feta, des dés de saumon, quelques baies roses. Arrosez de sauce juste au moment de servir.

**Notre conseil :** pour ce plat, achetez des chutes ou des dés de saumon fumé, moins onéreux que des tranches.

# SALADE DE PAPILLONS AU THON, À LA MOZZARELLA ET AU BASILIC

**4 pers.**    **Préparation : 10 min   Cuisson : 10 min**

400 g de farfalle (pâtes en forme de papillon) • 1 boîte de thon au naturel • 1 pot de sauce pistou • 200 g de mozzarella • 4 cuil. à soupe d'olives noires • 2 branches de basilic • 2 cuil. à soupe d'huile d'olive • sel, poivre

## Réalisation

Faites chauffer de l'eau salée dans une grande casserole, versez les pâtes en remuant jusqu'à la reprise de l'ébullition. Baissez le feu et laissez cuire pendant 8 minutes environ.

Égouttez les pâtes, mettez-les dans un saladier avec l'huile, du sel, du poivre. Mélangez bien et laissez refroidir.

Pendant ce temps, coupez la mozzarella et les olives en petits morceaux, effeuillez et ciselez le basilic. Égouttez le thon.

Lorsque les pâtes sont froides, ajoutez le thon, arrosez de sauce au pistou et parsemez de morceaux d'olives et de mozzarella et de feuilles de basilic. Mélangez et servez immédiatement.    …/

**Variantes :** vous pouvez ajouter une tomate pelée, épépinée et coupée en dés, et remplacer le thon par des anchois à l'huile.

## SALADE DE SAUMON ET D'ENDIVES VINAIGRETTE À L'ORANGE

| 4 pers. | Préparation : 10 min | Cuisson : 5 min |
|---------|----------------------|-----------------|

4 pavés de saumon • 5 endives • ½ botte de ciboulette • 2 cuil. à soupe de vinaigre de Xérès • 4 cuil. à soupe d'huile d'olive • ½ orange non traitée • sel, poivre

### Réalisation

Mettez les pavés de saumon dans une grande casserole, recouvrez-les d'eau, salez légèrement et portez à ébullition. Retirez du feu, couvrez et laissez pocher pendant 10 minutes.

Râpez le zeste de l'orange, pressez le demi-fruit, versez le jus et le zeste dans un saladier. Ajoutez du sel, du poivre, le vinaigre et l'huile. Fouettez pour émulsionner.

Enlevez les feuilles flétries des endives, retirez le petit cône situé à la base et coupez-les en rondelles.

Égouttez le saumon, effeuillez-le à la fourchette. Mettez les endives dans le saladier, mélangez et disposez le poisson par-dessus. Parsemez de ciboulette ciselée.

# TAGLIATELLES AU FENOUIL ET AUX ANCHOIS

| 4 pers. | Préparation : 15 min | Cuisson : 45 min |
|---------|----------------------|------------------|

250 g de tagliatelles • 2 petits bulbes de fenouil • 16 anchois à l'huile • 2 gousses d'ail • 6 cuil. à soupe d'huile d'olive • sel, poivre

## Réalisation

Émincez finement les bulbes de fenouil. Épluchez les gousses d'ail, hachez-les.

Faites chauffer l'huile dans une cocotte, mettez l'ail et le fenouil, mélangez et laissez cuire à feu doux pendant 30 minutes en mélangeant souvent.

Faites bouillir de l'eau légèrement salée dans une casserole, jetez les pâtes. Mélangez jusqu'à la reprise de l'ébullition et laissez cuire pendant 8 minutes.

Égouttez les pâtes, versez-les dans un plat, ajoutez

la fondue de fenouil et parsemez de filets d'anchois.
Poivrez et servez bien chaud.

## TAGLIATELLES AU SAUMON

| 4 pers. | Préparation : 10 min   Cuisson : 10 min |
|---|---|

250 g de tagliatelles • 150 g de saumon fumé • 2 échalotes •
25 cl de crème • 2 cuil. à soupe de baies roses • 4 branches
d'aneth • sel, poivre

### Réalisation

Coupez le saumon en lanières ou en dés. Épluchez
les échalotes.
Faites bouillir de l'eau salée dans une grande casserole,
plongez les tagliatelles en mélangeant jusqu'à la reprise
de l'ébullition et laissez cuire pendant 8 minutes.
Pendant ce temps, hachez les échalotes, mettez-les
dans une casserole avec la crème, le saumon, du sel
et du poivre. Réchauffez à feu doux.
Lorsque les tagliatelles sont cuites, égouttez-les et
mettez-les dans un plat creux. Arrosez de sauce au
saumon, parsemez de baies roses et d'aneth ciselé.
Servez chaud.

# VIANDES ET VOLAILLES

•

## AIGUILLETTES DE POULET
## À LA MOUTARDE

**4 pers.** **Préparation : 10 min** **Cuisson : 15 min**

800 g de blanc de poulet • 2 échalotes • 3 cuil. à soupe de moutarde à l'ancienne • 50 g de beurre • 4 cuil. à soupe de crème • sel, poivre

### Réalisation

Coupez le blanc de poulet en lanières. Épluchez et hachez les échalotes.

Faites fondre le beurre dans une poêle, mettez les échalotes, laissez-les cuire pendant 2 minutes en mélangeant, puis ajoutez les lanières de poulet et prolongez la cuisson à feu moyen en mélangeant régulièrement.

Versez la crème et la moutarde dans un bol, salez, poivrez. Quand le poulet est cuit, versez la crème à la moutarde dans la poêle, mélangez et laissez chauffer pendant 2 minutes. Servez immédiatement.      …/

**Notre conseil :** accompagnez ce poulet de riz blanc cuit à l'eau ou à la vapeur.

## BŒUF HACHÉ À LA THAÏE

**4 pers.**  **Préparation : 5 min  Cuisson : 5 min**

600 g de bœuf haché • 8 feuilles de laitue • 3 cuil. à soupe de gingembre moulu • 2 échalotes • 2 pincées de piment de Cayenne • 6 cuil. à soupe de jus de citron • 6 cuil. à soupe de nuoc-mâm • 2 cuil. à soupe d'huile

### Réalisation

Épluchez et hachez les échalotes. Mélangez le bœuf avec le gingembre, le piment et les échalotes. Faites chauffer l'huile dans une poêle, faites cuire le bœuf en remuant souvent pendant 5 minutes.

Versez le nuoc-mâm et le jus de citron dans un bol, mélangez. Ciselez les feuilles de laitue, répartissez-les dans 4 coupelles, ainsi que le haché de bœuf encore chaud, et arrosez de sauce.

# BŒUF PIMENTÉ AU BASILIC

**4 pers.** **Préparation : 10 min  Cuisson : 15 min**

600 g de bœuf haché • 1 petit piment rouge • 3 cuil. à soupe d'huile d'arachide • 4 branches de basilic • 4 branches de ciboulette • sel, poivre

## Réalisation

Lavez le piment, épépinez-le et coupez-le en très petits morceaux.

Faites chauffer 1 cuillerée à soupe d'huile dans une poêle à revêtement antiadhésif, mettez le piment et laissez cuire 5 minutes en remuant. Retirez-le avec une écumoire et réservez.

Versez le reste d'huile dans la poêle et faites revenir la viande hachée sans cesser de mélanger jusqu'à ce qu'elle soit bien cuite. Salez, poivrez, ajoutez le piment, puis le basilic et la ciboulette. Poursuivez la cuisson pendant 2 minutes. Répartissez ce hachis sur 4 assiettes.

**Notre conseil :** accompagnez de rondelles de tomates et de concombres ou de salade verte.

# BOULETTES DE PORC À LA MENTHE

**4 pers.**   **Préparation : 15 min   Cuisson : 20 min**

600 g de porc dans l'échine • 6 branches de menthe • 1 cuil. à soupe de quatre-épices • 1 œuf • 2 tranches de pain de campagne • 2 cuil. à soupe de lait • 2 cuil. à soupe de farine • 4 cuil. à soupe d'huile d'olive • sel, poivre

## Réalisation

Écroûtez les tranches de pain, émiettez la mie et mettez-la dans un bol, arrosez-la de lait.

Effeuillez la menthe, lavez et épongez les feuilles, ciselez-les, mettez-les dans un saladier avec le quatre-épices, l'œuf battu, du sel, du poivre.

Hachez le porc, ajoutez-le. Essorez la mie de pain, ajoutez-la également. Mélangez bien à la fourchette. Séparez la préparation en 4 parties égales, façonnez-les en boulettes.

Versez la farine dans une assiette creuse, roulez les boulettes dans la farine.

Faites chauffer l'huile dans une poêle, faites dorer les boulettes en les retournant souvent, puis prolongez la cuisson pendant 15 minutes à feu doux. Servez chaud.

**Variantes :** remplacez la menthe par de la coriandre, le quatre-épices par du cinq-épices.

# CHILI CON CARNE MINUTE

| 4 pers. | Préparation : 5 min   Cuisson : 10 min |
|---------|----------------------------------------|

> 1 grande boîte de haricots rouges • 600 g de bœuf haché • 2 oignons • 1 brique de coulis de tomates nature • 1 cuil. à soupe d'huile • ½ cuil. à café de chili • sel, poivre

## Réalisation

Épluchez les oignons, hachez-les. Faites-les revenir dans une cocotte avec l'huile, puis ajoutez la viande hachée. Dès qu'elle est cuite, versez les haricots rouges égouttés, le coulis de tomates, la poudre de chili, du sel et du poivre. Mélangez bien, réchauffez pendant 5 minutes et vérifiez l'assaisonnement. Servez très chaud.

# ÉMINCÉ DE DINDE COCOCURRY

**4 pers.**   **Préparation : 15 min   Cuisson : 30 min**

600 g de blancs de dinde • 20 cl de lait de coco • 2 oignons • 2 cuil. à soupe de raisins secs • 1 cuil. à soupe d'amandes effilées • 1 cuil. à soupe de curry • 2 cuil. à soupe de fond de volaille • 3 cuil. à soupe d'huile d'olive • sel, poivre

## Réalisation

Épluchez les oignons, hachez-les. Coupez les blancs de dinde en lanières.

Faites chauffer l'huile dans une cocotte, faites dorer l'oignon et les lanières de poulet, saupoudrez de fond de volaille et ajoutez 10 cl d'eau chaude ainsi que le lait de coco, les raisins, le curry, et un peu de sel et de poivre. Couvrez et laissez cuire à feu doux pendant 25 minutes.

Faites griller les amandes à sec dans une poêle.

Versez l'éminçé de dinde dans un plat, parsemez d'amandes grillées et servez sans attendre.

**Notre conseil :** accompagnez ce plat de riz nature.

# ESCALOPES CORDON BLEU

| 4 pers. | Préparation : 15 min   Cuisson : 15 min |

4 escalopes de veau épaisses • 4 tranches de jambon fines •
4 tranches de fromage fondu • 2 œufs • 2 cuil. à soupe
de farine • 4 cuil. à soupe de chapelure • 5 cl d'huile •
sel, poivre

## Réalisation

Fendez les escalopes de veau en deux dans leur
épaisseur. Mettez à l'intérieur de chaque escalope
une tranche de jambon et une tranche de fromage.
Refermez les escalopes.

Cassez les œufs dans une assiette creuse, battez-les
avec un peu de sel et de poivre. Versez la farine dans
une assiette, la chapelure dans une autre. Trempez
les escalopes fourrées successivement dans la farine,
l'œuf et la chapelure.

Faites chauffer l'huile dans une poêle, faites cuire
les escalopes pendant 5 minutes sur chaque côté.
Servez chaud.

# ESCALOPES DE POULET
# AU BEURRE DE CITRON ET DE GENIÈVRE

**4 pers.**  **Préparation : 15 min  Cuisson : 10 min**

---

4 escalopes de poulet • 100 g de beurre • 1 bouquet de persil plat • 1 citron non traité • 2 cuil. à soupe de baies de genièvre • 1 gousse d'ail • sel, poivre

---

## Réalisation

Sortez le beurre à l'avance du réfrigérateur.

Râpez le zeste du citron, concassez finement les baies de genièvre. Lavez et épongez les feuilles de persil, hachez-les. Mettez le beurre dans un grand bol, ajoutez le zeste de citron, les baies de genièvre, le persil, du sel et du poivre. Mélangez bien à la fourchette. Façonnez un boudin avec ce beurre, enveloppez-le dans un film alimentaire et mettez-le au réfrigérateur.

Faites cuire les escalopes de poulet dans une poêle avec une noisette de beurre. Déposez-les sur 4 assiettes. Coupez 8 rondelles de beurre, déposez-les sur chaque escalope et servez immédiatement.

**Notre conseil :** servez avec des pâtes. Préparez ce

beurre à l'avance, vous pouvez le garder plusieurs jours au réfrigérateur, et l'utiliser pour des pâtes, des pommes de terre à l'eau, du poisson…

# FAJITAS AU POULET

**4 pers.**   Prép. : 15 min  Marinade : 2 h  Cuisson : 15 min

600 g de blanc de poulet désossé et sans peau • 2 citrons verts • 1 oignon • 1 poivron vert • 2 gousses d'ail • 3 gouttes de Tabasco • 4 branches de coriandre • 4 cuil. à soupe d'huile • 4 cuil. à soupe de crème • 4 tortillas • sauce mexicaine • sel, poivre

## Réalisation

Pressez les citrons, versez le jus dans un saladier. Ciselez finement la coriandre, ajoutez-la.

Épluchez ail et oignon, hachez-les, mettez-les dans le saladier avec le Tabasco, salez, poivrez.

Coupez le blanc de poulet en dés, mettez-les dans la marinade, mélangez bien pour que les morceaux soient enrobés. Couvrez le saladier avec un film et laissez au frais pendant 2 heures.

Égouttez les dés de poulet et faites-les griller dans

une poêle sur tous les côtés. Ajoutez la crème, mélangez.

Réchauffez les tortillas au four ou dans un grille-pain.

Garnissez les tortillas de poulet, refermez-les et servez avec la sauce épicée.

# GALETTE DE POMMES DE TERRE AU CHÈVRE ET AU BACON

**4 pers.**   **Préparation : 15 min   Cuisson : 30 min**

800 g de pommes de terre • 4 crottins de Chavignol • 8 tranches fines de bacon • 6 cuil. à soupe d'huile • sel, poivre

## Réalisation

Épluchez les pommes de terre, râpez-les, mettez-les dans un saladier, salez, poivrez, mélangez.

Faites griller les tranches de bacon sur les deux faces dans une grande poêle sans matières grasses. Retirez-les.

Versez l'huile dans la poêle, faites-la chauffer, puis versez les pommes de terre râpées. Étalez-les sur le fond de la poêle avec le dos d'une cuiller pour former une grande galette. Faites cuire à feu moyen pendant environ 10 minutes, puis placez sur la poêle un grand plat et retournez la galette. Faites-la glisser dans la poêle pour faire dorer l'autre face. Laissez cuire environ 5 minutes. Répartissez les tranches de bacon sur la galette de pommes de terre. Coupez les crottins en deux dans le sens de la largeur et déposez un demi-crottin sur chaque tranche de bacon. Couvrez et laissez fondre le fromage pendant environ 10 minutes à feu doux. Servez chaud ou tiède.

**Variantes :** remplacez le bacon par des allumettes de jambon et les crottins par des lamelles de comté ou de reblochon.

# GOUJONNETTES DE POULET BEURRE DE BASILIC

| 4 pers. | Préparation : 15 min   Cuisson : 25 min |

800 g de blanc de poulet • 1 œuf • 2 cuil. à soupe de farine •
4 cuil. à soupe de chapelure • 100 g de beurre • 2 cuil. à soupe
d'huile • 4 branches de basilic • ½ citron • sel, poivre

## Réalisation

Sortez le beurre à l'avance du réfrigérateur pour qu'il
soit facile à travailler. Découpez le blanc de poulet
en morceaux de la taille d'une bouchée. Battez l'œuf
en omelette dans un bol, salez, poivrez, versez la
farine dans un autre bol et enfin la chapelure dans
un troisième. Trempez les bouchées de poulet successivement dans la farine, dans l'œuf et dans la
chapelure, déposez-les sur une assiette et mettez-les
au frais.

Pressez le demi-citron, mettez le jus dans un bol,
ajoutez 80 g de beurre. Rincez et épongez les feuilles
de basilic, ciselez-les très finement, ajoutez-les au
beurre, salez, poivrez et mélangez à la fourchette
pour obtenir un mélange homogène. Mettez le beurre
dans un ramequin et placez au réfrigérateur.

Faites fondre le beurre restant dans une poêle et faites dorer les morceaux de poulet à feu moyen en les retournant souvent jusqu'à ce qu'ils soient bien dorés. Poursuivez la cuisson environ 20 minutes en surveillant pour que la chapelure ne brûle pas. Servez bien chaud avec le beurre au basilic.

## GRATIN DE BŒUF AU CHOU-FLEUR ET AUX POIREAUX

**4 pers.**   **Préparation : 15 min   Cuisson : 50 min**

400 g de bœuf haché • 1 petit chou-fleur • 2 poireaux • 1 boule de mozzarella • 150 g de ricotta • 30 g de beurre • sel, poivre

### Réalisation

Lavez les poireaux après avoir coupé l'extrémité des feuilles et le bout chevelu. Coupez-les en grosse julienne. Détaillez le chou-fleur en petits bouquets en coupant les parties fibreuses.

Mettez les légumes dans une cocotte, couvrez-les d'eau, salez, et faites-les cuire pendant environ 40 minutes. Égouttez-les à fond.

Préchauffez le four th. 7 (210 °C). Faites cuire le bœuf haché dans une poêle en le mélangeant souvent pendant 5 minutes, salez, poivrez.

Coupez la ricotta et la mozzarella en tranches.

Beurrez légèrement un plat à four, étalez les légumes, recouvrez de viande, puis de tranches de fromage. Parsemez de noisettes de beurre et faites gratiner pendant 10 à 15 minutes. Servez bien chaud.

## GRATIN DE MACARONIS AU JAMBON

**4 pers.**　　**Préparation : 10 min　Cuisson : 25 min**

200 g de macaronis • 200 g d'allumettes de jambon • 1 l de lait • 25 cl de crème • 2 gousses d'ail • 50 g de beurre • 2 cuil. à soupe de farine • 100 g de cheddar • sel, poivre

### Réalisation

Versez le lait et la crème dans une casserole, salez, poivrez et ajoutez les gousses d'ail. Portez à ébullition, puis jetez les macaronis en remuant jusqu'à la reprise de l'ébullition et laissez cuire pendant environ 10 minutes. Égouttez les pâtes en conservant le lait de cuisson. Écrasez les gousses d'ail dans le lait.

Faites fondre le beurre dans une autre casserole, saupoudrez de farine et mélangez bien avec une cuiller, puis délayez avec le mélange lait-crème pour obtenir une béchamel onctueuse. Salez, poivrez.

Étalez les macaronis dans un plat à four, répartissez dessus les allumettes de jambon. Coupez le cheddar en fines lamelles, recouvrez-en le plat.

Faites gratiner au four pendant 5 minutes. Servez immédiatement.

# GRILLADES DE PORC À LA MOUTARDE

| 4 pers. | Préparation : 10 min  Cuisson : 20 min |  |

4 côtes de porc • 50 g de beurre • 2 cuil. à soupe de moutarde forte • 3 cuil. à soupe de crème • sel, poivre

### Réalisation

Faites chauffer le beurre dans une poêle, faites dorer les grillades de porc sur leurs deux faces, salez, poivrez, couvrez et laissez-les cuire pendant 15 minutes. Déposez les grillades sur 4 assiettes.

Mélangez la moutarde et la crème dans un bol, versez

dans la poêle et réchauffez pendant 3 minutes. Arrosez les grillades de sauce et servez sans attendre.

**Variantes :** remplacez les grillades de porc par des escalopes de dinde ou de poulet. Servez avec des pommes de terre à l'eau ou des pâtes.

## HAMBURGERS

| 4 pers. | Préparation : 15 min | Cuisson : 10 min |
| --- | --- | --- |

4 pains ronds spécial hamburger • 4 steaks hachés de 120 à 150 g • 2 oignons • 2 tomates • 8 feuilles de laitue • 2 cuil. à soupe de moutarde forte • 4 cuil. à soupe de ketchup • 4 gros cornichons doux (molossols)

### Réalisation

Épluchez et hachez les oignons. Coupez les tomates en rondelles. Lavez, épongez et ciselez les feuilles de laitue. Coupez les cornichons en rondelles.
Faites cuire les steaks hachés à sec dans une poêle pendant 5 à 8 minutes en les retournant à mi-cuisson. Pendant ce temps, faites griller les moitiés de pain. Tartinez une moitié de pain chaud de moutarde,

l'autre moitié de ketchup et composez les hamburgers : disposez successivement sur une moitié de pain tartinée de moutarde une feuille de salade, une rondelle de tomate, un peu d'oignon haché et quelques rondelles de cornichons, déposez un steak, recouvrez-le de cornichons, d'oignon, de tomate et de laitue. Terminez par le couvercle de pain tartiné de ketchup. Dégustez immédiatement.

**Variante :** ajoutez 1 ou 2 tranches de fromage fondu pour obtenir un cheese-burger.

## LAPIN AU ROMARIN

| 4 pers. | Préparation : 20 min  Cuisson : 1 h 45 |

8 morceaux de lapin • 800 g de pommes de terre • 2 gousses d'ail • 2 oignons • 4 cuil. à soupe de romarin effeuillé • 6 cuil. à soupe d'huile d'olive • sel, poivre

### Réalisation

Pelez les pommes de terre, coupez-les en rondelles et faites-les cuire à la vapeur pendant 10 minutes.
Épluchez les oignons, émincez-les. Épluchez les

gousses d'ail, écrasez-les au presse-ail au-dessus d'un bol.

Huilez un plat à four, disposez au fond une couche de pommes de terre, des rondelles d'oignons, un peu d'ail, du romarin. Déposez les morceaux de lapin et recouvrez-les avec des pommes de terre, de l'oignon, de l'ail et du romarin. Salez, poivrez, arrosez avec le reste d'huile d'olive.

Faites cuire pendant 1 heure 20 au four th. 6 (180 °C). Recouvrez le plat d'un papier d'aluminium ménager si le dessus colore ou se dessèche. Servez chaud ou tiède.

**Variante :** remplacez le lapin par du poulet.

# MAGRETS DE CANARD AU MIEL ET AU GINGEMBRE

**4 pers.**  Prép. : 5 min  Marinade : 1 h  Cuisson : 15 min

2 magrets de canard • 100 g de gingembre frais • 4 cuil. à soupe de miel • 1 cuil. à soupe de quatre-épices • 4 cuil. à soupe de sauce de soja • sel, poivre

## Réalisation

Pelez et râpez le gingembre, mettez-le dans un bol avec le quatre-épices, du sel et du poivre. Incisez la peau et la chair du canard, introduisez un peu du mélange dans les entailles et laissez mariner pendant 1 heure.

Faites chauffer une poêle, déposez les magrets côté peau et laissez-les cuire pendant 5 minutes. Jetez la graisse, puis retournez les magrets et laissez-les cuire pendant 5 minutes sur l'autre face. Enduisez les magrets de miel, faites-les dorer pendant 2 minutes sur chaque face. Retirez-les, versez la sauce de soja dans la poêle, faites-la chauffer pendant 2 minutes et versez-la sur les magrets.

**Notre conseil :** accompagnez de navets cuits à l'eau

et dorés dans du beurre ou encore de brocolis vapeur.

## MAGRETS DE CANARD AU VINAIGRE DE FRAMBOISE

**4 pers.** **Préparation : 5 min  Cuisson : 14 min**

2 magrets de canard • 3 cuil. à soupe de gelée de groseille • 4 cuil. à soupe de vinaigre de vin • sel, poivre

### Réalisation

Faites des entailles dans la peau des magrets avec un couteau bien aiguisé. Faites chauffer une poêle, déposez les magrets côté peau et laissez-les cuire à feu moyen pendant 10 minutes. Jetez le gras rendu par la peau, retournez les magrets et laissez-les cuire sur l'autre face pendant 4 minutes environ. Retirez les magrets, mettez-les sur une assiette. Mettez la confiture dans la poêle, laissez-la fondre, puis arrosez de vinaigre et mélangez. Coupez les magrets en lamelles épaisses, remettez-les dans la sauce. Servez immédiatement.

# PALETS DE BŒUF À LA CORIANDRE

**4 pers.** **Préparation : 10 min Cuisson : 10 min**

600 g de bœuf haché • 1 bouquet de coriandre • 50 g de beurre • sel, poivre

## Réalisation

Effeuillez la coriandre, ciselez-la finement, mettez-la dans un saladier. Mélangez le bœuf haché avec la coriandre, du sel et du poivre, partagez ce hachis en 4. Formez des boulettes, puis aplatissez-les pour former des palets.

Faites fondre le beurre dans une poêle, faites cuire les palets pendant 5 à 8 minutes de chaque côté selon que vous préférez la viande saignante ou à point. Servez immédiatement.

# PAUPIETTES DE POULET AU CITRON CONFIT

| **4 pers.** | **Préparation : 15 min** | **Cuisson : 20 min** |

4 escalopes de poulet fines et larges • 1 citron confit • 2 cuil. à soupe d'amandes effilées • 2 échalotes • 4 cuil. à soupe de miel • 4 cuil. à soupe d'huile d'olive • 4 branches de coriandre • sel, poivre

## Réalisation

Épluchez les échalotes, hachez-les. Coupez le citron confit en petits dés. Faites chauffer 1 cuillerée à soupe d'huile dans une casserole, mettez les échalotes, faites-les fondre doucement pendant 5 minutes, puis ajoutez le citron et les amandes et 1 cuillerée à soupe de miel. Mélangez bien. Retirez du feu.

Étalez les escalopes de poulet sur le plan de travail, déposez au centre un peu de la préparation et refermez les escalopes en paupiettes en les maintenant fermées avec du fil.

Faites chauffer le reste d'huile dans une cocotte, faites dorer les paupiettes sur toutes leurs faces, salez, poivrez et couvrez. Laissez cuire pendant 15 minutes, puis arrosez avec le reste de miel et laissez caraméliser en mélangeant sans cesse pendant 5 minutes. Ciselez la coriandre. Déposez les paupiettes dans 4 assiettes, parsemez de feuilles de coriandre et servez immédiatement.

**Notre conseil :** servez avec de la semoule aux raisins secs (recette page 109).

# PILONS DE POULET MARINÉS AU SÉSAME

| 4 pers. | Prép. : 10 min | Marinade : 1 h | Cuisson : 25 min |

16 petits pilons de poulet • 3 gousses d'ail • 1 citron • 4 cuil. à soupe de miel • 4 cuil. à soupe de graines de sésame • 6 cuil. à soupe d'huile d'olive • sel, poivre

## Réalisation

Pelez l'ail, écrasez-le au-dessus d'un saladier. Pressez le citron, versez le jus dans le saladier, ajoutez l'huile d'olive, le miel, du sel et du poivre. Mettez les pilons de poulet dans cette marinade, retournez-les plusieurs fois pour qu'ils soient bien imprégnés et laissez-les en attente pendant 1 heure.

Préchauffez le four th. 7 (210 °C). Disposez les pilons de poulet dans un plat à four, arrosez-les de marinade et enfournez. Laissez cuire pendant 25 minutes.

Faites griller les graines de sésame à sec dans une poêle. Sortez le plat du four, parsemez les pilons de sésame et servez immédiatement.

## PITAS AU BŒUF

| 4 pers. | Préparation : 15 min   Cuisson : 8 min |  |

4 pains pita • 400 g de bœuf haché • 2 oignons • 8 feuilles de laitue • 2 tomates • ½ concombre • 1 citron • 20 cl de crème • sel, poivre

### Réalisation

Pressez le citron, versez le jus dans un bol. Épluchez et hachez les oignons, ajoutez-les au jus de citron ainsi que la crème, salez, poivrez.

Pelez le concombre, détaillez-le en fines rondelles. Lavez et essuyez les tomates, coupez-les en rondelles fines également. Lavez et épongez les feuilles de salade, ciselez-les.

Humidifiez légèrement les pains pita et faites-les griller.

Faites cuire la viande hachée à sec dans une poêle en remuant régulièrement.

Déposez sur chaque pain pita de la salade, des rondelles de concombre et de tomate, un peu de viande hachée et enfin la crème au citron et aux oignons. Refermez les pains en chaussons et dégustez immédiatement.

# POMMES DE TERRE SOUFFLÉES JAMBON FROMAGE

**4 pers.** **Préparation : 15 min  Cuisson : 40 min**

4 grosses pommes de terre d'environ 200 g chacune • 8 portions de fromage fondu • 4 tranches de jambon très fines • sel, poivre

## Réalisation

Lavez les pommes de terre sans les peler, essuyez-les. Faites-les cuire pendant 20 à 25 minutes. Surveillez la cuisson, elles ne doivent pas se défaire. Laissez-les tiédir. Préchauffez le four th. 7 (210 °C). Hachez grossièrement le jambon, mettez-le dans un saladier. Découpez une calotte sur la partie supérieure de chaque pomme de terre. Retirez la pulpe avec une petite cuiller, ajoutez-la au jambon, ainsi que les portions de fromage fondu. Mélangez bien à la fourchette, salez et poivrez. Remplissez chaque pomme de terre avec cette farce. Disposez-les dans un plat à gratin. Mettez au four pendant 15 minutes. Servez très chaud.

**Variante :** ajoutez un œuf dans chaque pomme de terre avant de déposer le mélange jambon fromage.

## POULET À L'ANANAS

| 4 pers. | Préparation : 10 min  Cuisson : 35 min |
|---|---|

600 g de blanc de poulet • 20 cl de crème • ½ boîte d'ananas en dés au sirop • 2 cuil. à café de concentré de tomate • 3 cuil. à soupe d'huile d'olive • sel, poivre

### Réalisation

Coupez le blanc de poulet en dés. Faites chauffer l'huile dans une cocotte, faites dorer les dés de poulet à feu moyen, salez, poivrez.

Ajoutez les morceaux d'ananas avec leur sirop et poursuivez la cuisson à feu doux pendant 10 minutes. Ajoutez le concentré de tomate et la crème, mélangez et laissez cuire encore 5 minutes.

**Notre conseil :** accompagnez ce plat de riz blanc nature.

## POULET AU CARAMEL

| 4 pers. | Préparation : 5 min  Cuisson : 10 min |
|---|---|

600 g de blanc de poulet • 1 gros oignon • 1 gousse d'ail • 2 cuil. à soupe de caramel liquide • 1 cuil. à soupe de nuoc-mâm • 1 cuil. à café de sucre • 10 cl de bouillon de volaille • 1 petit morceau de gingembre • 2 cuil. à soupe d'huile d'olive • sel, poivre

### Réalisation

Épluchez l'ail, l'oignon et le gingembre, émincez-les. Découpez le blanc de poulet en lanières. Faites chauffer 1 cuillerée à soupe d'huile d'olive dans une cocotte et faites revenir l'oignon, l'ail et le gingembre. Retirez-les. Versez l'huile restante dans la sauteuse, ajoutez les lanières de poulet et faites cuire à feu vif pendant 5 minutes. Remettez les légumes dans la sauteuse, versez le caramel, le sucre et le nuoc-mâm, salez et poivrez. Mélangez bien. Mouillez avec le bouillon et laissez réduire jusqu'à épaississement.

**Notre conseil :** accompagnez de riz blanc.

## POULET AU POT

**4 pers.** **Préparation : 10 min  Cuisson : 15 min**

1 poulet coupé en morceaux • 6 poireaux • 6 carottes • 6 navets • 1 oignon • 4 clous de girofle • 1 bouquet garni • sel, poivre

### Réalisation

Coupez le bout chevelu des poireaux, coupez-les en deux dans le sens de la longueur et nettoyez-les soigneusement sous le jet d'eau pour enlever toute trace de terre. Pelez les carottes, coupez-les en 2. Pelez les navets. Épluchez l'oignon, piquez-le de clous de girofle.

Mettez les morceaux de poulet et les légumes dans

une cocotte, ajoutez le bouquet garni, du sel et du poivre, couvrez et portez à ébullition. Baissez le feu et laissez cuire doucement pendant 1 heure. Retirez les légumes et le poulet, mettez-les sur un plat et faites réduire le jus de cuisson à feu vif. Arrosez le poulet de bouillon. Servez très chaud.

**Notre conseil :** conservez le bouillon de cuisson, vous le consommerez au repas suivant avec un reste de légumes ou des petites pâtes.

## POULET COCO CURRY

| 4 pers. | Préparation : 15 min  Cuisson : 1 h |

4 blancs de poulet sur os • 1 oignon • 1 pomme • 1 banane • 1 brique de lait de coco • 1 brique de coulis de tomates nature • 4 cuil. à soupe d'huile • 2 cuil. à soupe de curry • sel, poivre

### Réalisation

Épluchez et hachez l'oignon. Pelez la pomme et la banane, coupez-les en morceaux.
Faites chauffer l'huile dans une cocotte, faites revenir

l'oignon haché et les morceaux de poulet, puis ajoutez les fruits, le coulis de tomates, le lait de coco, du sel, du poivre et le curry. Mélangez. Ajoutez un peu d'eau si le poulet et les fruits ne sont pas recouverts de liquide. Couvrez et laissez cuire à feu très doux pendant 1 heure. Vérifiez l'assaisonnement et servez immédiatement.

**Notre conseil :** accompagnez de riz blanc nature.

# RÂBLES DE LAPIN À LA SAUGE

| 4 pers. | Préparation : 5 min | Cuisson : 45 min |
|---------|---------------------|------------------|

8 râbles de lapin • 16 tranches très fines de lard fumé • 2 cuil. à soupe de sauge séchée • 3 cuil. à soupe d'huile d'olive • sel, poivre

## Réalisation

Enveloppez chaque râble avec 2 tranches de lard, déposez-les dans un plat à four. Parsemez-les de sauge, d'un petit peu de sel, de poivre, et arrosez-les d'huile d'olive. Mettez au four et faites cuire pendant 45 minutes. Servez chaud.

**Variante :** ajoutez des tomates coupées en quartiers, que vous ferez cuire avec le lapin.

# RIZ À L'ESPAGNOLE

**4 pers.**  **Préparation : 10 min  Cuisson : 25 min**

400 g de riz rond • 1 brique de coulis de tomates nature • 8 rondelles de chorizo doux ou fort • 2 gousses d'ail • 1 dose de safran en poudre • 75 cl de bouillon de volaille • 4 cuil. à soupe d'huile d'olive • sel, poivre

## Réalisation

Épluchez l'ail, émincez-le. Versez 2 cuillerées d'huile d'olive dans une poêle et faites revenir l'ail et le chorizo. Réservez. Ajoutez 2 cuillerées d'huile d'olive dans la poêle, versez le riz et mélangez-le jusqu'à ce que les grains soient transparents. Arrosez avec le bouillon, ajoutez le coulis de tomates, le safran, salez, poivrez, et laissez cuire environ 20 minutes, jusqu'à ce que le riz soit tendre. Disposez dessus le chorizo et prolongez la cuisson pendant 2 minutes. Servez chaud.

…/

**Variantes :** vous pouvez ajouter à ce riz des morceaux de poulet ou des crevettes roses cuites et décortiquées.


## SALADE D'ENDIVES AU POULET

**4 pers.**   **Préparation : 10 min**

> 4 à 6 endives selon leur taille • 500 g de blanc de poulet cuit • 100 g de comté • 2 cuil. à soupe de raisins secs • 2 cuil. à soupe de cerneaux de noix • 1 cuil. à café de moutarde forte • 2 cuil. à soupe de vinaigre de vin • 4 cuil. à soupe d'huile de noix • sel, poivre

### Réalisation

Mettez les raisins dans un bol, recouvrez-les d'eau chaude et laissez-les gonfler pendant 10 minutes.

Mélangez dans un saladier la moutarde, le vinaigre, un peu de sel et de poivre, et l'huile.

Enlevez les feuilles flétries des endives et le cône situé à la base, et coupez-les en rondelles.

Coupez le poulet et le comté en dés, ajoutez-les. Pressez les raisins pour en extraire l'eau, mettez-

les dans le saladier ainsi que les cerneaux de noix.
Mélangez et servez à température ambiante.

**Notre conseil :** n'oubliez pas d'enlever le cône situé
à la base des endives, car il est responsable de leur
amertume.

## SALADE DE POMMES DE TERRE AU JAMBON

**4 pers.** **Préparation : 15 min  Cuisson : 20 min**

> 800 g de pommes de terre • 400 g de talon de jambon •
> 2 échalotes • 1 bouquet de persil plat • 10 cl de vin blanc
> sec • 1 cuil. à soupe de vinaigre de cidre • 3 cuil. à soupe
> d'huile de colza • 1 cuil. à café de moutarde à l'ancienne •
> sel, poivre

### Réalisation

Lavez les pommes de terre, mettez-les dans une
grande casserole, recouvrez-les d'eau froide et portez
à ébullition. Baissez le feu et laissez-les cuire pendant
20 minutes.

Pendant ce temps, coupez le talon de jambon en

petits dés, épluchez et émincez les échalotes, et ciselez le persil.

Égouttez les pommes de terre dès qu'elles sont cuites, laissez-les tiédir, puis épluchez-les et coupez-les en rondelles. Mettez-les dans un saladier, arrosez-les de vin blanc, ajoutez les dés de jambon et mélangez. Dans un bol, mélangez la moutarde avec le vinaigre et l'huile, salez, poivrez. Versez la sauce sur les pommes de terre, ajoutez les échalotes et le persil. Mélangez et servez tiède.

**Nos conseils :** pour savoir si les pommes de terre sont cuites, piquez-les avec la pointe d'un couteau, qui doit s'enfoncer facilement. Vous pouvez remplacer le persil par de la ciboulette ou de l'estragon.

# SOURIS D'AGNEAU À LA CRÈME D'AIL ET AUX CAROTTES

**4 pers.** Préparation : 20 min  Cuisson : 1 h

---

4 souris d'agneau • 800 g de carottes • 6 gousses d'ail • 1 cuil. à soupe de fond de veau • 4 cuil. à soupe d'huile d'olive • 6 branches de coriandre • sel, poivre

---

## Réalisation

Faites chauffer l'huile d'olive dans une cocotte, faites dorer les souris d'agneau pendant 5 minutes en les retournant, salez, poivrez, ajoutez les gousses d'ail entières et le fond de veau dilué dans un grand verre d'eau. Couvrez et laissez cuire pendant 45 minutes en ajoutant un peu d'eau si nécessaire.

Pelez les carottes, coupez-les en rondelles fines, ajoutez-les, couvrez et prolongez la cuisson pendant 30 minutes.

Ciselez la coriandre, parsemez-en le plat avant de servir.

**Notre conseil :** servez ce plat avec de la semoule.

# STEAKS HACHÉS AU PARMESAN

**4 pers.**   **Préparation : 5 min**   **Cuisson : 5 min**

4 steaks hachés de 150 g chacun • 50 g de parmesan •
2 cuil. à soupe d'huile d'olive • 2 cuil. à soupe de vinaigre
de Xérès • 4 branches de persil plat • fleur de sel, poivre
du moulin

## Réalisation

Faites chauffer l'huile dans une poêle et faites cuire
les steaks pendant 5 minutes en les retournant à
mi-cuisson.

Pendant ce temps, prélevez des copeaux dans le
parmesan avec un couteau économe.

Mettez les steaks sur les assiettes, salez, poivrez.
Déglacez la poêle avec le vinaigre, donnez un bouillon
et versez sur les steaks. Déposez délicatement les
copeaux de Parmesan dessus et parsemez de feuilles
de persil. Servez immédiatement.

# LÉGUMES ET PÂTES

•

## AUBERGINES GRATINÉES TOMATE MOZZA

| 4 pers. | Préparation : 15 min | Cuisson : 30 min |
|---------|----------------------|-----------------|

3 grosses aubergines • 1 boite de tomates pelées • 2 boules de mozzarella • 4 cuil. à soupe de thym • 3 gousses d'ail • 6 cuil. à soupe d'huile d'olive • sel, poivre

### Réalisation

Lavez et essuyez les aubergines, ôtez le pédoncule et coupez-les en rondelles épaisses. Coupez la mozzarella en tranches.

Écrasez les tomates pelées à la fourchette.

Faites chauffer 3 cuillerées à soupe d'huile dans une poêle, faites-les dorer à feu doux en les retournant régulièrement pendant 15 minutes.

Versez le reste d'huile dans un bol. Épluchez l'ail, écrasez-le au-dessus du bol, ajoutez le thym, du sel et du poivre, mélangez.

Préchauffez le four th. 7 (210 °C). Déposez les rondelles d'aubergines dans un plat à four, versez dessus un peu de tomates concassées et posez dessus une tranche de mozzarella. Arrosez d'un peu d'huile à l'ail et au thym. Enfournez et laissez cuire pendant 10 minutes. Servez bien chaud.

**Notre conseil :** servez ces aubergines avec du veau ou du poulet.

## CAROTTES CONFITES PIMENTÉES

| 4 pers. | Préparation : 10 min | Cuisson : 45 min |
|---------|----------------------|------------------|

600 g de carottes • 3 cuil. à soupe d'huile d'olive • ½ cuil. à café de harissa • 1 cuil. à soupe de carvi • 1 citron • 1 cuil. à soupe de sucre • 4 branches de coriandre • sel, poivre

### Réalisation

Pelez les carottes, coupez-les en fines rondelles. Pressez le citron, versez le jus dans une casserole, ajoutez l'huile d'olive, le sucre, le harissa, le carvi, du sel, du poivre. Mettez les carottes, mélangez et ajoutez un peu d'eau pour que les carottes soient juste couvertes. Faites cuire à feu doux pendant environ

45 minutes. Laissez tiédir, versez dans 4 coupes et parsemez de feuilles de coriandre ciselées.

**Notre conseil :** servez avec de l'agneau grillé.

# COURGETTES À L'ANANAS ET AU CURRY

**4 pers. Préparation : 10 min Cuisson : 20 min**

4 belles courgettes • 1 boîte de morceaux d'ananas au sirop • 4 tomates • 3 cuil. à soupe d'huile d'olive • 1 citron vert non traité • 1 gousse d'ail • 4 branches de coriandre • 2 cuil. à café de curry • sel, poivre

## Réalisation

Prélevez le zeste du citron avec un couteau économe, râpez-le. Coupez les tomates en quartiers. Épluchez et hachez l'ail. Lavez et essuyez les courgettes, et détaillez-les en rondelles. Ciselez la coriandre.

Faites chauffer l'huile d'olive dans une cocotte. Faites revenir l'ail, les quartiers de tomates, les courgettes et les morceaux d'ananas. Salez, poivrez, ajoutez le curry et la coriandre. Couvrez et laissez mijoter pendant 15 minutes. Servez tiède. …/

**Notre conseil :** servez avec du jambon ou de la volaille.

# ÉCRASÉ DE POMMES DE TERRE À LA CIBOULETTE

**4 pers.**  **Préparation : 15 min  Cuisson : 25 min**

800 g de pommes de terre • 4 cuil. à soupe d'huile d'olive • 1 bouquet de ciboulette • sel, poivre

## Réalisation

Faites cuire les pommes de terre avec leur peau pendant 25 minutes environ. Égouttez-les, pelez-les, et mettez-les dans un plat creux. Ciselez finement la ciboulette. Versez l'huile d'olive sur les pommes de terre, répartissez la ciboulette, salez, poivrez, puis écrasez-les grossièrement à la fourchette. Servez immédiatement.

**Variante :** remplacez la ciboulette par du persil.

# GRATIN D'AUBERGINES AU CHÈVRE

**4 pers.**    **Préparation : 20 min**    **Cuisson : 1 h 15**

4 petites aubergines • 4 tomates • 4 petits chèvres • 2 gousses d'ail • 6 cuil. à soupe d'huile d'olive • 2 cuil. à soupe de thym effeuillé • sel, poivre

## Réalisation

Lavez les aubergines, coupez-les en tranches fines et mettez-les dans une passoire. Saupoudrez-les de sel et laissez-les dégorger pendant 1 heure.

Pelez et épépinez les tomates, coupez-les en rondelles.

Épluchez et hachez les gousses d'ail.

Essuyez les tranches d'aubergines, faites-les cuire dans 2 cuillerées à soupe d'huile à petit feu pendant 15 minutes.

Versez un peu d'huile dans un plat à four, disposez en alternant les aubergines, les tomates, un peu de thym et d'ail, du sel et du poivre. Disposez dessus les 4 fromages de chèvre. Arrosez d'huile et faites cuire pendant 1 heure au four th. 7 (210 °C). Servez chaud ou tiède.

# HARICOTS VERTS À LA PROVENÇALE

**4 pers.**   **Préparation : 15 min   Cuisson : 25 min**

800 g de haricots verts fins • 2 tomates • 2 gousses d'ail •
2 échalotes • 4 cuil. à soupe d'huile d'olive • 2 cuil. à soupe
d'herbes de Provence • sel, poivre

## Réalisation

Effilez les haricots verts. Épluchez l'ail et les échalotes,
émincez-les. Coupez les tomates en petits dés.
Faites chauffer l'huile d'olive dans une cocotte, faites dorer doucement l'ail, l'oignon et les tomates,
salez, poivrez, puis ajoutez les haricots. Mélangez
et faites cuire pendant 5 minutes sans cesser de
remuer. Arrosez de 2 verres d'eau, saupoudrez d'herbes de Provence et couvrez. Laissez cuire pendant
15 à 20 minutes en mélangeant de temps en temps.
Vérifiez la cuisson, prolongez-la si nécessaire de
quelques minutes. Servez chaud.

**Notre conseil :** utilisez des haricots verts surgelés si
vous n'en trouvez pas de frais.

# PENNE AUX TOMATES CONFITES ET AU CHÈVRE

**4 pers.** **Préparation : 10 min  Cuisson : 20 min**

500 g de penne • 2 gousses d'ail • 4 cuil. à soupe de tomates confites • 200 g de chèvre frais • 100 g de parmesan • 2 cuil. à soupe de pignons • 1 bouquet de basilic • 6 cuil. à soupe d'huile d'olive • sel, poivre

## Réalisation

Pelez les gousses d'ail, écrasez-les, mettez-les dans un bol. Effeuillez le basilic, ciselez finement les feuilles, ajoutez-les à l'ail, arrosez d'huile d'olive, salez, poivrez et pilez au mortier ou mixez.

Faites bouillir de l'eau salée dans une grande casserole, plongez les penne en remuant jusqu'à la reprise de l'ébullition. Laissez cuire pendant 10 minutes environ pour une cuisson *al dente*.

Pendant ce temps, coupez le chèvre et les tomates en petits morceaux.

Égouttez les pâtes, remettez-les dans la casserole chaude, salez, poivrez. Versez sur les pâtes la sauce au basilic, les morceaux de chèvre et de tomate, le parmesan et les pignons. Mélangez bien et servez immédiatement.

**Variante :** remplacez les penne par des macaronis.

## POÊLÉE DE LÉGUMES AU GINGEMBRE

| 4 pers. | Préparation : 15 min   Cuisson : 35 min |

> 3 carottes • 2 courgettes • 2 oignons • 2 navets • 1 cuil. à soupe d'huile d'olive • 1 cuil. à soupe de fond de volaille • 2 cuil. à soupe de gingembre moulu • sel, poivre

### Réalisation

Pelez les courgettes, coupez-les en rondelles. Coupez les extrémités des courgettes, détaillez-les en rondelles. Pelez les navets, coupez-les en dés. Épluchez les oignons, émincez-les.

Faites chauffer l'huile dans une cocotte, faites revenir les légumes pendant 2 minutes. Délayez le fond de volaille dans un grand verre d'eau et versez sur les légumes. Couvrez, baissez le feu et laissez cuire pendant 20 à 30 minutes selon que vous préférez des légumes légèrement croquants ou bien cuits.

Mélangez de temps en temps pendant la cuisson. Salez, poivrez, saupoudrez de gingembre et servez sans attendre.

**Variantes :** cette recette est un bon moyen d'utiliser quelques légumes qui vous restent dans le frigo. Vous pouvez la réaliser avec des haricots verts, du brocoli, des champignons, un poireau, selon les opportunités.

# POMMES DE TERRE
# AU PARMESAN ET AU BASILIC

| 4 pers. | Préparation : 10 min | Cuisson : 15 min |
| --- | --- | --- |

> 800 g de pommes de terre • 150 g de parmesan râpé • 4 branches de basilic • 4 cuil. à café d'huile d'olive • sel, poivre

## Réalisation

Épluchez les pommes de terre, lavez-les, épongez-les dans un torchon et coupez-les en rondelles. Mettez-les dans une casserole, recouvrez-les d'eau, salez et portez à ébullition. Baissez le feu et laissez cuire pendant 15 minutes environ.

Pendant ce temps, ciselez finement le basilic, mélangez-le à l'huile dans un petit bol, salez, poivrez.

Égouttez les pommes de terre, versez-les dans un plat, saupoudrez de parmesan et couvrez afin que le fromage fonde à la chaleur des pommes de terre. Arrosez d'huile au basilic et servez immédiatement.

**Variante :** enrichissez ce plat d'allumettes de jambon.

# POMMES DE TERRE AUX CITRONS CONFITS ET À LA CORIANDRE

| 4 pers. | Préparation : 10 min | Cuisson : 30 min |
|---------|----------------------|------------------|

> 800 g de pommes de terre • 2 citrons confits • 2 gousses d'ail • 4 cuil. à soupe d'huile d'olive • 1 bouquet de coriandre • sel, poivre

## Réalisation

Épluchez les pommes de terre, lavez-les, épongez-les dans un torchon et coupez-les en cubes.

Épluchez l'ail, coupez-le en petits morceaux. Coupez les citrons confits en petits dés.

Faites chauffer l'huile dans une cocotte ou une grande casserole, mettez les pommes de terre, le citron confit et l'ail, et faites cuire à feu moyen en mélangeant régulièrement. Salez peu, car les citrons sont salés, et poivrez. Retirez du feu.

Ciselez la coriandre, ajoutez-la aux pommes de terre et mélangez bien. Servez chaud.

**Notre conseil :** servez avec des filets de poulet ou des escalopes de dinde, par exemple.

# PURÉE DE CHOU-FLEUR À LA CRÈME

| 4 pers. | Préparation : 10 min  Cuisson : 35 min |
|---------|------------------------------------------|

| 1 petit chou-fleur • 100 g de crème fleurette • sel, poivre |
|---|

### Réalisation

Lavez le chou-fleur et enlevez le trognon. Faites-le cuire pendant 30 minutes à la vapeur jusqu'à ce qu'il soit tendre. Quand le chou-fleur est cuit, égouttez-le et séparez-le en bouquets. Puis écrasez-le à la four-chette ou au mixeur.

Mettez la purée dans une casserole sur feu doux. Incorporez la crème tout en remuant doucement. Salez et poivrez. Faites réduire cette crème pendant environ 5 minutes. Versez dans un plat et servez aussitôt.

**Notre conseil :** cette purée accompagne très bien les grillades de porc.

# RATTES À L'AIL ET AU THYM

**4 pers.**    **Préparation : 2 min  Cuisson : 15 min**

600 g de pommes de terre rattes • 8 gousses d'ail • 4 cuil. à soupe d'huile d'olive • 1 cuil. à soupe de thym effeuillé • fleur de sel, poivre du moulin

## Réalisation

Rincez et épongez les pommes de terre.

Faites chauffer l'huile dans une sauteuse à revêtement antiadhésif, mettez les gousses d'ail sans les éplucher, faites-les dorer en les remuant pendant 3 minutes.

Ajoutez les pommes de terre, saupoudrez de thym et poursuivez la cuisson en mélangeant souvent jusqu'à ce que les pommes de terre soient dorées. Versez dans le plat de service, parsemez de fleur de sel et poivrez. Servez bien chaud.

**Notre conseil :** servez ces pommes de terre avec toutes les grillades de viande.

# SALADE DE HARICOTS BLANCS À LA MENTHE

**4 pers.** **Préparation : 10 min**

1 boîte de haricots blancs au naturel • 1 gousse d'ail • 1 cuil. à soupe de tomates confites • 1 bouquet de menthe • 1 cuil. à soupe de vinaigre de vin • 3 cuil. à soupe d'huile d'olive • sel, poivre

## Réalisation

Rincez les haricots et laissez-les égoutter. Épluchez la gousse d'ail, écrasez-la dans un saladier. Mélangez l'ail écrasé avec le vinaigre, l'huile, et un peu de sel et de poivre.

Coupez les tomates confites en petits dés. Ciselez finement la menthe.

Mettez les haricots dans le saladier, ajoutez les dés de tomate et la menthe. Mélangez et servez à température ambiante.

**Variante :** pour un plat complet, ajoutez des chipolatas grillées.

## SALADE DE LENTILLES ET DE MÂCHE

| 4 pers. | Préparation : 10 min |
|---|---|

> 1 boîte de lentilles au naturel • 1 sachet de mâche • 1 poivron jaune • 1 oignon • 2 cuil. à soupe de vinaigre de vin • 4 cuil. à soupe d'huile d'olive • sel, poivre

### Réalisation

Pelez le poivron avec un couteau économe, épépinez-le, retirez les parties blanches et coupez la chair en petits dés. Épluchez l'oignon, hachez-le, mettez-le dans un saladier. Rincez et essorez la mâche. Rincez les lentilles. Mélangez dans le saladier le vinaigre, l'huile, du sel et du poivre avec l'oignon. Ajoutez les lentilles, les dés de poivron et la mâche. Mélangez et servez immédiatement.

**Notre conseil :** servez cette salade avec des grillades de porc ou du saumon frais poché, par exemple.

## SALADE DE POIS CHICHES AU CUMIN ET À LA CORIANDRE

**4 pers.**     **Préparation : 5 min**

1 boîte de pois chiches • 2 cuil. à soupe de cumin • 4 branches de coriandre • 2 cuil. à soupe d'huile d'olive • sel, poivre

### Réalisation

Égouttez les pois chiches, rincez-les, puis mettez-les dans un saladier. Arrosez d'huile d'olive, salez, poivrez, saupoudrez de cumin et mélangez bien. Décorez de quelques feuilles de coriandre. Servez à température ambiante.

**Notre conseil :** servez cette salade avec de l'agneau ou des merguez.

# SALADE DE POMMES DE TERRE À LA SCANDINAVE

**4 pers.**   **Préparation : 15 min   Cuisson : 20 min**

---

800 g de pommes de terre • 1 concombre • 1 citron • 4 cuil. à soupe de crème • 1 cuil. à café de raifort • 2 cuil. à café de moutarde forte • 1 bouquet d'aneth • sel, poivre

---

## Réalisation

Lavez les pommes de terre, mettez-les dans une casserole, recouvrez-les d'eau froide et portez à ébullition. Baissez le feu et laissez cuire pendant 20 minutes. Égouttez les pommes de terre et laissez-les tiédir. Pendant ce temps, lavez le concombre et coupez-le en tranches très fines. Pressez le citron. Mélangez dans un bol la moutarde avec la crème, le raifort, du sel, du poivre et le jus de citron. Épluchez les pommes de terre, coupez-les en cubes, mettez-les dans un saladier, ajoutez les rondelles de concombre, puis la sauce. Mélangez et ajoutez l'aneth ciselé. Servez tiède ou froid.

**Notre conseil :** cette salade accompagne très bien le thon, les sardines ou le saumon fumé.

# SEMOULE AUX RAISINS SECS

**4 pers.** **Prép. : 10 min** **Attente : 10 min** **Cuisson : 15 min**

250 g de semoule moyenne • 6 cuil. à soupe de raisins secs • 4 branches de menthe fraîche • 30 g de beurre • sel, poivre

## Réalisation

Mettez les raisins dans un bol, recouvrez-les d'eau chaude.

Versez 25 cl d'eau dans une casserole, ajoutez une bonne pincée de sel et portez à ébullition. Versez la semoule dans un saladier, arrosez-la d'eau et laissez gonfler pendant 10 minutes. Coupez le beurre en petits morceaux, mettez-le dans une casserole, versez la semoule et mettez sur feu très doux. Travaillez la semoule à la fourchette pour l'imprégner de beurre et la réchauffer. Salez, poivrez. Versez la semoule dans un plat ou dans 4 coupelles, ajoutez les raisins secs égouttés et parsemez de feuilles de menthe ciselées. Servez chaud.

**Notre conseil :** cette semoule est idéale avec de la viande d'agneau ou des merguez grillées.

# SPAGHETTIS AU ROMARIN, À LA TOMATE ET AUX CÂPRES

**4 pers.**     **Préparation : 10 min   Cuisson : 20 min**

250 g de spaghettis • 2 tomates • 2 branches de romarin (ou 2 cuil. à soupe de romarin effeuillé en bocal) • 3 gousses d'ail • 2 cuil. à soupe de câpres • 4 cuil. à soupe d'huile d'olive • sel, poivre

## Réalisation

Pelez les tomates, épépinez-les et coupez la chair en petits dés. Épluchez l'ail, émincez-le. Rincez les câpres. Effeuillez le romarin. Faites bouillir de l'eau salée dans une grande casserole, jetez les spaghettis en mélangeant jusqu'à la reprise de l'ébullition et laissez-les cuire pendant 8 à 10 minutes.

Pendant ce temps, faites chauffer l'huile dans une cocotte, mettez l'ail, les dés de tomate et le romarin. Laissez-les revenir pendant 2 minutes.

Égouttez les spaghettis, versez-les dans la cocotte, ajoutez les câpres, mélangez et servez sans attendre.

**Variante :** à servir en plat unique en ajoutant du thon ou des allumettes de jambon.

# DESSERTS, PETITS DÉJEUNERS OU GOÛTERS

•

## BANANES AU YAOURT

**4 pers.**   **Préparation : 10 min**

4 bananes • 1 citron vert • 3 yaourts nature • 4 cuil. à soupe de noix de coco râpée

### Réalisation

Pressez le citron vert. Pelez les bananes, coupez-les en rondelles, arrosez-les de jus de citron.

Versez les yaourts sur les bananes, mélangez délicatement et répartissez dans 4 coupes. Saupoudrez de noix de coco et servez bien frais.

# BISCUIT À L'ORANGE

**4 pers.**   **Préparation : 15 min   Cuisson : 20 min**

120 g de farine • 120 g de sucre + 20 g pour le moule • 120 g de beurre + 20 g pour le moule • 2 œufs • 1 orange non traitée • 1 sachet de levure

## Réalisation

Beurrez un moule ou un plat rond, saupoudrez-le de sucre.

Râpez le zeste de l'orange et pressez le fruit.

Versez le sucre dans un saladier, ajoutez le beurre et fouettez jusqu'à ce que le mélange mousse, puis ajoutez la farine, la levure et les œufs entiers, et enfin le jus et le zeste d'orange. Mélangez bien et versez dans le moule.

Préchauffez le four th. 6 (180 °C) pendant 5 minutes, puis enfournez. Laissez cuire pendant 20 minutes. Laissez tiédir avant de démouler.

**Variante :** vous pouvez glacer le dessus du gâteau avec de la marmelade d'orange tiédie.

# BRICKS AUX FRUITS SECS ET À LA FLEUR D'ORANGER

**4 pers.** **Préparation : 15 min** **Cuisson : 10 min**

8 feuilles de bricks • 6 cuil. à soupe de miel • 3 cuil. à soupe d'eau de fleur d'oranger • 1 cuil. à soupe de cerneaux de noix • 1 cuil. à soupe de noisettes • 1 cuil. à soupe d'amandes effilées • 1 cuil. à soupe de pignons • 1 cuil. à soupe de pistaches nature • 1 cuil. à soupe de raisins secs • 1 cuil. à soupe d'écorces d'orange

## Réalisation

Concassez grossièrement les fruits secs, coupez les écorces d'orange en petits morceaux.

Faites chauffer le miel dans une casserole avec l'eau de fleur d'oranger, ajoutez les fruits secs, les zestes d'orange et les raisins, mélangez, retirez du feu.

Préchauffez le four th. 6 (180 °C). Étalez un torchon humide sur le plan de travail, superposez les feuilles de bricks 2 par 2. Déposez un peu de garniture au centre, et repliez les 2 feuilles de façon à former un petit paquet. Badigeonnez les paquets d'huile et faites dorer au four pendant 5 minutes. Laissez tiédir avant de servir.

# BROWNIES CHOCOLAT PISTACHES

| 4 pers. | **Préparation : 10 min   Cuisson : 15 min** |

> 150 g de chocolat noir • 100 g de beurre + 20 g pour le moule • 100 g de sucre • 50 g de farine • 2 œufs • 75 g de pistaches nature décortiquées • sel

## Réalisation

Sortez le beurre à l'avance du réfrigérateur.

Cassez le chocolat en petits morceaux et faites-le fondre au bain-marie.

Dans un saladier, fouettez le beurre mou avec le sucre, les œufs entiers, la farine et une pincée de sel. Mélangez bien pour obtenir une pâte lisse, puis ajoutez le chocolat en continuant à mélanger.

Incorporez les pistaches. Préchauffez le four th. 5 (150 °C). Beurrez un plat carré. Versez la pâte dans le plat et enfournez. Laissez cuire pendant 15 minutes. Laissez refroidir et découpez en carrés.

**Variantes :** remplacez les pistaches par des noix ou des noix de pécan.

# CAKE AUX NOIX

**4 pers.** **Préparation : 10 min** **Cuisson : 15 min**

200 g de farine • 1 sachet de levure • 100 g de sucre • 1 œuf • 2 dl de lait • 175 g de cerneaux de noix • 20 g de beurre • sel

## Réalisation

Préchauffez le four th. 6 (180 °C). Beurrez un moule à cake. Concassez grossièrement les cerneaux de noix.

Mélangez dans un saladier la farine, la levure, le sucre, l'œuf battu et une pincée de sel. Ajoutez le lait et les cerneaux de noix. Mélangez bien.

Versez la préparation dans le moule et faites cuire pendant 50 minutes environ.

Laissez reposer 5 minutes, puis démoulez. Laissez refroidir avant de déguster.

**Notre conseil :** pour conserver ce cake plusieurs jours, emballez-le dans une feuille de papier d'aluminium ménager et gardez-le à température ambiante.

# CHURROS

| 4 pers. | Préparation : 5 min | Cuisson : 10 min |

---

250 g de farine • 4 cuil. à soupe de sucre glace • 8 cuil. à soupe d'huile de friture • sel

## Réalisation

Versez la farine dans un saladier, creusez un puits, mettez une pincée de sel et versez 25 cl d'eau bouillante peu à peu en mélangeant bien. Dès que la pâte est homogène, laissez-la refroidir à température ambiante, puis placez-la au réfrigérateur pendant 30 minutes.

Remplissez de pâte une poche à douille avec un embout cannelé et formez des petits boudins de 10 cm de long.

Faites chauffer l'huile dans une poêle et faites frire les churros en plusieurs fournées pendant 1 à 2 minutes en les retournant. Retirez-les avec une écumoire, déposez-les sur du papier absorbant, puis mettez-les sur un plat et saupoudrez-les de sucre glace. Servez chaud ou tiède.

# CLAFOUTIS AUX POIRES À LA CANNELLE

**4 pers.**  **Préparation : 15 min  Cuisson : 30 min**

4 poires • 3 œufs • 40 cl de lait • 2 cuil. à soupe de sucre • 4 cuil. à soupe de farine • 20 g de beurre • 4 cuil. à soupe de cannelle • sel

## Réalisation

Préchauffez le four th. 6 (180 °C). Versez le sucre dans un saladier, ajoutes les œufs entiers et fouettez jusqu'à ce que le mélange mousse. Ajoutez la farine, une pincée de sel, continuez à fouetter, puis délayez avec le lait.

Beurrez un plat à four. Épluchez les poires, coupez-les en lamelles et disposez-les au fond du plat, saupoudrez-les de cannelle. Versez la préparation dessus et enfournez. Laissez cuire pendant 30 minutes.

**Variantes :** remplacez les poires par des pommes, des cerises ou des abricots.

# COMPOTE DE MANGUES AU CITRON VERT

**4 pers.**   **Préparation : 10 min   Cuisson : 10 min**

2 mangues à point • 2 citrons verts • 100 g de sucre

## Réalisation

Épluchez les mangues : ouvrez-les en deux, retirez les noyaux et coupez la chair en dés. Pressez les citrons, versez le jus dans une casserole, ajoutez le sucre et 12 cl d'eau. Portez à ébullition, puis mettez les dés de fruits. Laissez cuire à feu doux pendant 10 minutes en mélangeant souvent. Laissez refroidir, puis répartissez la compote dans 4 ramequins ou 4 verres. Servez frais.

**Notre conseil :** avant de garnir les verres de compote, retournez-les, humidifiez le bord et trempez-le dans du sucre en poudre. Vous aurez des verres au bord givré très décoratifs.

# COMPOTE DE POMMES CARAMÉLISÉE AUX FIGUES

**4 pers.** **Préparation : 10 min** **Cuisson : 35 min**

4 grosses pommes • 4 figues séchées • 1 cuil. à soupe de miel • 30 g de beurre

## Réalisation

Épluchez les pommes, coupez-les en petits morceaux. Coupez les figues séchées en petits morceaux également.

Faites fondre le beurre dans une casserole, faites dorer les morceaux de pommes et de figues, ajoutez le miel et 8 cl d'eau. Mélangez bien et couvrez. Laissez cuire pendant 30 minutes, retirez du feu et laissez refroidir. Répartissez la compote dans 4 coupes. Dégustez tiède ou froid.

# COOKIES COCOCHOCO

| 4 pers. | Préparation : 10 min   Cuisson : 10 min |

> 150 g de noix de coco râpée • 150 g de farine • 120 g de cassonade • 120 g de beurre • 1 œuf • 1 sachet de sucre vanillé • 100 g de pépites de chocolat • ½ sachet de levure chimique • sel

## Réalisation

Sortez le beurre à l'avance du réfrigérateur. Préchauffez le four th. 6 (180 °C). Recouvrez la plaque du four de papier d'aluminium.

Fouettez le beurre dans un saladier avec la cassonade jusqu'à ce que le mélange blanchisse. Incorporez l'œuf entier, une pincée de sel, le sucre vanillé, la farine, puis la levure et la noix de coco, et enfin les pépites de chocolat. Mélangez énergiquement. Partagez la pâte en 24 petites boules, aplatissez-les pour former des galettes et déposez-les sur la plaque. Faites cuire pendant 10 minutes, puis retirez du four et laissez refroidir.

**Notre conseil :** si vous ne trouvez pas de pépites de

chocolat dans le commerce, prélevez des éclats de chocolat dans une plaque à l'aide d'un couteau.

# CRÈMES CAFÉ CHOCOLAT

**4 pers.** **Préparation : 10 min** **Cuisson : 20 min**

4 œufs • 20 cl de crème liquide • 10 cl de lait • 50 g de sucre • 100 g de chocolat noir • 1 cuil. à café de café lyophilisé

## Réalisation

Préchauffez le four th. 3 (90 °C).

Cassez le chocolat en petits morceaux.

Versez le lait dans une casserole, faites-le bouillir, puis ajoutez le chocolat, le café et le sucre. Mélangez jusqu'à ce que le sucre et le chocolat soient fondus. Cassez les œufs dans un saladier, ajoutez la crème, fouettez et versez le lait au chocolat-café sans cesser de mélanger. Répartissez la crème dans 4 ramequins, posez-les dans un plat rempli d'eau très chaude et enfournez. Laissez cuire pendant 15 minutes. Sortez les ramequins du four et laissez refroidir avant de déguster.

# CRÈMES DE VITAMINES D'HIVER

**4 pers.**     **Préparation : 10 min**

4 yaourts veloutés nature • 1 poire • 1 pomme • ½ citron •
2 cuil. à soupe de miel • 4 abricots secs • 2 cuil. à soupe
de pignons

## Réalisation

Pressez le demi-citron. Épluchez la poire et la pomme,
coupez la chair en petits morceaux, placez-la dans un
saladier, arrosez de jus de citron pour que les fruits
ne noircissent pas au contact de l'air, puis ajoutez
le miel. Mélangez bien. Coupez les abricots secs en
petits morceaux et ajoutez-les aux autres fruits.
Versez les yaourts dans 4 coupes, répartissez dessus
les fruits au miel. Gardez au frais en attendant de servir
et parsemez de pignons au dernier moment.

**Notre conseil :** faites griller les pignons à sec dans une
poêle avant de les utiliser. Vous pouvez les remplacer
par des amandes effilées.

# CRÈMES DE VITAMINES D'ÉTÉ

**4 pers.** **Préparation : 10 min**

4 yaourts veloutés nature • 200 g de fraises • 200 g de framboises • 2 cuil. à soupe de sucre cristallisé • 1 branche de menthe fraîche (facultatif)

## Réalisation

Lavez rapidement les fraises sous un jet d'eau et séchez-les délicatement dans un papier absorbant. Équeutez-les, puis coupez-les en petits morceaux. Versez les yaourts dans 4 coupes, ajoutez les morceaux de fraises et répartissez le sucre cristallisé. Décorez avec les framboises et 2 feuilles de menthe. Servez bien frais.

# CRÊPES AU COULIS D'ORANGE

**(12 crêpes)**

| **4 pers.** | **Prép. : 10 min** | **Attente : 2 h** | **Cuisson : 10 min** |
|---|---|---|---|

250 g de farine • 4 œufs • ½ litre de lait demi-écrémé •
1 cuil. à soupe d'huile • 20 g de beurre • sel

**Garniture :** 1 orange non traitée • 2 cuil. à soupe de miel •
1 cuil. à soupe d'eau de fleur d'oranger

## Réalisation

Mettez la farine dans un saladier, creusez un puits
au centre, ajoutez une pincée de sel, puis les œufs
entiers. Mélangez avec une cuiller en bois jusqu'à
obtention d'une pâte homogène, puis versez le lait
petit à petit sans cesser de tourner. Ajoutez l'huile,
mélangez à nouveau. Couvrez le saladier avec un
torchon, puis laissez reposer 2 heures.

Râpez le zeste de l'orange, pressez le fruit, et versez
le jus obtenu dans une petite casserole. Ajoutez le
miel, l'eau de fleur d'oranger et les zestes. Faites cuire
à feu très doux jusqu'à ce que le mélange devienne
sirupeux.

Allongez la pâte avec un petit verre d'eau si elle est

trop épaisse. Faites fondre la valeur d'un petit pois de beurre dans une crêpière ou une poêle à fond plat. Dès qu'il grésille, versez une louche de pâte en tournant la poêle afin de bien répartir la pâte. Laissez cuire à feu moyen pendant 1 à 2 minutes. Soulevez le bord de la crêpe avec une spatule pour vérifier le degré de cuisson, puis retournez-la. Faites-la cuire sur l'autre face, puis faites-la glisser sur une assiette placée sur une casserole d'eau bouillante.

Pliez les crêpes en 4, disposez-les sur des assiettes individuelles et arrosez-les de coulis. Servez tiède.

**Variantes :** replacez le coulis d'orange par de la confiture, du sucre, du miel, de la pâte à tartiner à la noisette, du chocolat, de la crème Chantilly…

# DOLLARS

| 4 pers. | Préparation : 10 min | Cuisson : 10 min |

150 g de farine • 100 g de beurre + 20 g pour la plaque du four • 125 g de sucre • 1 œuf • 4 cl de rhum

## Réalisation

Sortez le beurre à l'avance du réfrigérateur.

Préchauffez le four th. 6 (180 °C). Beurrez la plaque du four.

Cassez l'œuf dans un saladier, ajoutez le rhum et fouettez. Ajoutez le sucre en pluie en continuant à fouetter, puis le beurre mou, puis la farine en pluie. Pétrissez la pâte du bout des doigts pour qu'elle soit bien homogène. Séparez la pâte en petites boules, aplatissez-les pour former des palets, déposez-les sur la plaque du four. Faites cuire pendant 10 minutes en surveillant la couleur. Laissez refroidir avant de déguster.

# FONDUE DE FRUITS ET DE BRIOCHE AU CHOCOLAT

**4 pers.**   **Préparation : 15 min   Cuisson : 5 min**

> 2 mandarines • 2 poires • 2 bananes • 200 g de chocolat noir • 1 dl de crème liquide • 10 g de beurre • 4 tranches de brioche

## Réalisation

Épluchez les mandarines, séparez-en les quartiers, disposez-les sur un plat. Épluchez les poires, coupez-les en cubes. Pelez les bananes, coupez-les en rondelles. Coupez les tranches de brioche en cubes.

Faites chauffer la crème dans un caquelon, puis ajoutez le chocolat coupé en morceaux. Laissez fondre, puis ajoutez le beurre. Lissez à la spatule et apportez le caquelon sur la table.

Piquez un cube de brioche et un quartier de fruit avec une fourchette à fondue et trempez-les dans le chocolat chaud.

**Variantes :** vous pouvez réaliser cette fondue avec des morceaux de pomme, de kiwi, de mangue, de figue, d'ananas

# FRUITS EXOTIQUES À L'EAU DE ROSE

**4 pers.**     **Préparation : 10 min**

4 fruits de la passion • 4 litchis • 1 petite boîte d'ananas au sirop • 2 cuil. à soupe d'eau de rose • 4 pincées de cannelle

## Réalisation

Égouttez l'ananas, versez le jus dans un saladier et ajoutez l'eau de rose et la cannelle. Mélangez. Ouvrez les fruits de la passion en deux, prélevez la chair et mettez-la dans le saladier. Ouvrez les litchis, ôtez l'écorce, ajoutez-les. Coupez les tranches d'ananas en morceaux, ajoutez-les. Mélangez et placez au réfrigérateur en attendant de servir.

**Notre conseil :** si vous ne trouvez pas de litchis frais, prenez des fruits en conserve.

# FRUITS SECS AUX ÉPICES

**4 pers.**  **Préparation : 10 min  Cuisson : 10 min**

> 8 abricots secs • 8 pruneaux • 2 cuil. à soupe de raisins secs • 1 orange non traitée • 1 cuil. à soupe de cannelle en poudre • 2 étoiles d'anis • 1 cuil. à soupe de miel

## Réalisation

Râpez le zeste de l'orange, pressez le fruit, versez le jus et le zeste dans une casserole. Ajoutez la cannelle, les étoiles d'anis, le miel. Coupez les abricots et les pruneaux en petits morceaux, mettez-les dans la casserole ainsi que les raisins secs. Versez 2 cuillerées à soupe d'eau et portez à ébullition. Baissez le feu et laissez cuire pendant 5 minutes. Laissez refroidir, puis répartissez dans 4 coupes ou 4 verres.

# GÂTEAU AMANDES ET POIRES

**4 pers.** **Préparation : 20 min** **Cuisson : 50 min**

4 œufs • 100 g de sucre • 100 g de beurre + 20 g pour le moule • 100 g de poudre d'amandes • 50 g de fécule • 50 g d'amandes effilées • 4 poires • sel

## Réalisation

Sortez le beurre à l'avance du réfrigérateur.

Faites griller les amandes à sec dans une poêle afin qu'elles colorent sans brûler.

Mettez le beurre dans un saladier, ajoutez le sucre et fouettez jusqu'à ce que le mélange mousse. Versez la fécule, puis la poudre d'amandes en mélangeant bien.

Cassez les œufs en séparant les blancs des jaunes. Ajoutez les jaunes à la pâte. Battez les blancs en neige ferme avec une pincée de sel, incorporez-les à la pâte en soulevant délicatement la masse pour ne pas casser les blancs.

Préchauffez le four th. 6 (180 °C). Épluchez les poires, coupez-les en dés, mettez-les dans la pâte.

Beurrez un moule rond, versez la pâte, parsemez

d'amandes et enfournez. Laissez cuire pendant 45 minutes. Laissez tiédir avant de démouler.

# GÂTEAU AUX FLOCONS D'AVOINE

**4 pers.** **Préparation : 15 min  Cuisson : 30 min**

250 g de flocons d'avoine • 50 g de sucre • 100 g de beurre + 20 g pour le moule • sel

## Réalisation

Sortez le beurre à l'avance du réfrigérateur. Beurrez un plat carré ou rectangulaire. Préchauffez le four th. 7 (210 °C). Travaillez le beurre, le sucre et une pincée de sel à la cuiller ou au fouet jusqu'à ce que le mélange blanchisse. Incorporez peu à peu les flocons d'avoine, puis versez la préparation dans le plat. Enfournez et laissez cuire pendant 30 minutes. Laissez refroidir avant de déguster.

**Notre conseil :** vous pouvez conserver ce gâteau plusieurs jours dans une boîte en fer.

# GRANITÉ AU CAFÉ

**4 pers.**     Préparation : 5 min   Congélation : 6 h

100 g de sucre • 8 cuil. à soupe de café soluble • 1 l d'eau

## Réalisation

Mettez le café et le sucre dans un saladier, versez 1 litre d'eau, mélangez bien. Versez dans un moule, placez au congélateur ou dans le compartiment à glaçons de votre réfrigérateur pendant 6 heures en remuant régulièrement à l'aide d'une fourchette. Répartissez le granité dans 4 coupes.

**Variantes :** remplacez le café par du jus d'orange, de pamplemousse ou de citron.

# MOELLEUX AUX POMMES

**4 pers.** **Préparation : 10 min** **Cuisson : 15 min**

2 œufs • 150 g de sucre • 125 g de farine • 60 g de beurre + 10 g pour le moule • 500 g de pommes • ½ sachet de levure

## Réalisation

Battez les œufs en omelette dans un saladier. Ajoutez la farine, le sucre, la levure, mélangez bien. Faites fondre le beurre dans une casserole et ajoutez-le à la pâte. Mélangez à nouveau. Préchauffez le four th. 6 (180 °C). Épluchez les pommes, coupez-les en quartiers puis en tranches fines. Ajoutez-les à la pâte. Beurrez un moule à manqué, versez-y la préparation. Faites cuire pendant 25 minutes. Servez tiède.

**Variantes :** remplacez les pommes par des poires ou des abricots.

# MONT-BLANC

**4 pers.**    **Préparation : 15 min**

4 pots de fromage blanc (100 g chacun) • 4 petites meringues à la vanille • 1 petite boîte de crème de marrons sucrée vanillée • 150 g de chocolat noir

## Réalisation

Cassez le chocolat en petits morceaux et faites-le fondre avec 1 cuillerée à soupe d'eau, ou au bain-marie.

Versez le fromage blanc dans 4 verres, répartissez dessus de la crème de marrons, déposez une meringue, puis arrosez de chocolat chaud. Servez immédiatement.

# MOUSSE CHOCO POIRES

**4 pers.**   Prép. : 15 min   Cuisson : 3 h   Réfrigération : 3 h

200 g de chocolat noir • 6 œufs • 1 boîte de poires au sirop • sel

## Réalisation

Faites fondre le chocolat au micro-ondes ou dans une casserole avec 2 cuillerées à soupe d'eau. Cassez les œufs en séparant les blancs des jaunes. Mélangez le chocolat fondu aux jaunes d'œufs en battant.

Montez les œufs en neige ferme avec une pincée de sel et incorporez-les délicatement au mélange chocolaté. Mettez la mousse au réfrigérateur pendant 3 heures minimum.

Égouttez les poires, coupez-les en petits dés.

Mettez dans 4 verres une couche de mousse, recouvrez avec quelques dés de poires, mettez un peu de mousse et continuez jusqu'à épuisement des ingrédients. Servez frais.

**Variante :** remplacez les dés de poires par des rondelles de bananes.

# ORANGES RÔTIES

**4 pers.** **Préparation : 4 min  Cuisson : 6 min**

2 grosses oranges • 50 g de beurre • 4 cuil. à soupe de cassonade • 1 cuil. à café de cannelle en poudre

## Réalisation

Sortez le beurre à l'avance du réfrigérateur afin qu'il soit facile à malaxer. Allumez le gril de votre four. Coupez les oranges en 2. Mélangez dans un bol le sucre, la cannelle et le beurre. Enduisez les moitiés d'oranges avec cette pâte et mettez-les dans un plat à four. Passez sous le gril pendant 6 minutes environ. Le dessus doit être bien doré. Laissez tiédir avant de servir.

**Variante :** remplacez les oranges par des pamplemousses.

# PAIN PERDU AU SUCRE CRISTALLISÉ

**4 pers.**   **Préparation : 10 min   Cuisson : 10 min**

> 1 baguette de pain légèrement rassis • 2 œufs • 15 cl de lait •
> 60 g de beurre • 4 cuil. à soupe de sucre cristallisé

## Réalisation

Cassez les œufs dans une assiette, battez-les en omelette avec le lait. Coupez la baguette en tranches de
1,5 cm d'épaisseur. Trempez-les dans le mélange pendant quelques secondes pour qu'elles soient imbibées
sans être détrempées. Faites chauffer le beurre dans
une poêle jusqu'à ce qu'il mousse et faites dorer les
tranches de pain à feu vif. Disposez-les sur du papier
absorbant, puis mettez-les sur le plat de service et
saupoudrez-les de sucre.

**Variantes :** vous pouvez également préparer ce dessert avec du pain de campagne, du pain brioché, du
pain viennois, du pain de mie, et le servir avec
de la confiture.

# POÊLÉE D'ANANAS À LA VANILLE

**4 pers.**    **Préparation : 5 min   Cuisson : 15 min**

1 grande boîte de morceaux d'ananas au sirop • 1 gousse de vanille • 1 cuil. à soupe de miel

## Réalisation

Égouttez les morceaux d'ananas. Versez le miel dans une poêle, mettez les morceaux d'ananas et faites-les dorer sans cesser de remuer pendant 10 minutes. Ouvrez la gousse de vanille, détachez les graines avec la pointe d'un couteau, versez-les sur les morceaux d'ananas. Prolongez la cuisson jusqu'à caramélisation.

Répartissez dans 4 coupes et servez tiède.

**Variantes :** saupoudrez les coupes d'un peu de poivre au moment de servir. Accompagnez de glace à la vanille.

# POMMES RÔTIES SUCRÉES SALÉES

**4 pers.** **Préparation : 5 min** **Cuisson : 12 min**

4 grosses pommes • 50 g de beurre salé • 50 g de cassonade • 1 cuil. à café de poivre concassé • 2 pincées de quatre-épices • 2 clous de girofle

## Réalisation

Épluchez les pommes, coupez-les en quartiers et chaque quartier en 2.

Faites fondre le beurre dans une cocotte, faites dorer les pommes à feu doux en les retournant délicatement pendant 5 minutes, ajoutez la cassonade, le quatre-épices, le poivre, les clous de girofle écrasés entre vos doigts. Mélangez et prolongez la cuisson pendant 5 minutes. Répartissez les pommes dans 4 ramequins. Servez chaud.

**Notre conseil :** servez ces pommes en dessert, mais aussi en accompagnement d'une volaille, poulet rôti ou escalope de dinde grillée.

# QUATRE-QUARTS AUX FRUITS

**4 pers.**  **Préparation : 10 min**  **Cuisson : 45 min**

4 œufs • même poids de farine • même poids de beurre + 20 g pour le moule • même poids de sucre • 200 g de fruits (pruneaux, abricots, pommes, poires...) • sel

## Réalisation

Sortez le beurre à l'avance du réfrigérateur.

Préchauffez le four th. 6 (180 °C). Fouettez le beurre mou avec le sucre et une pincée de sel. Ajoutez les œufs entiers un par un, puis la farine en mélangeant énergiquement.

Préparez les fruits : pelez-les et coupez-les en morceaux ou dénoyautez-les selon les fruits choisis.

Beurrez un moule ou un plat à four, versez la moitié de la pâte, disposez les fruits, recouvrez-les de pâte et enfournez. Laissez cuire pendant 45 minutes environ. Vérifiez la cuisson en plongeant la lame d'un couteau dans la pâte. Elle doit ressortir sèche. Laissez reposer le quatre-quarts avant de le démouler. Dégustez tiède ou froid.

# RISOTTO CHOCOLAT VANILLE

**4 pers.** **Préparation : 10 min** **Cuisson : 20 min**

200 g de riz rond • 100 g de chocolat noir • 100 g de sucre • 50 g de beurre • 1 l de lait • 1 cuil. à soupe de vanille en poudre • 4 cuil. à soupe d'amandes effilées

## Réalisation

Cassez le chocolat en petits morceaux, faites-le fondre dans une casserole au bain-marie.

Faites fondre le beurre à feu doux dans une grande casserole, versez le riz en pluie et saupoudrez de vanille. Mélangez pendant quelques minutes, puis versez un peu de lait en continuant à mélanger. Quand le lait est absorbé, versez-en encore un peu et continuez jusqu'à ce que tout le lait soit absorbé par le riz. Retirez du feu et ajoutez le sucre. Mélangez bien. Mettez la moitié du riz dans un saladier, ajoutez le chocolat et mélangez.

Répartissez les deux riz dans 4 coupes.

Faites griller les amandes effilées à sec dans une poêle, parsemez-en les coupes.

# RIZ COCO VANILLE

**4 pers.**   **Préparation : 10 min   Cuisson : 40 min**

200 g de riz rond • 50 cl de lait de coco • 100 g de sucre •
1 gousse de vanille • sel

## Réalisation

Rincez le riz, faites-le cuire pendant 5 minutes dans
de l'eau bouillante salée, puis égouttez-le. Faites
bouillir le lait de coco avec la gousse de vanille
ouverte en deux pour en libérer les graines. Versez
le riz en pluie, mélangez, couvrez et laissez cuire
à feu doux pendant 30 minutes. Retirez la gousse
de vanille, incorporez le sucre, mélangez, et laissez
tiédir. Répartissez le riz dans 4 verres et servez à
température ambiante.

# ROSES DES SABLES

**4 pers.**   **Prép. : 10 min**   **Cuisson : 5 min**   **Réfri. : 10 min**

170 g de corn-flakes • 100 g de beurre • 150 g de chocolat •
50 g de sucre glace

## Réalisation

Fractionnez le chocolat et le beurre en petits morceaux, mettez-les dans une casserole et faites-les fondre à feu très doux sans remuer.

Retirez du feu la casserole, ajoutez le sucre, mélangez bien.

Versez les corn-flakes dans un saladier, versez la sauce au chocolat et enrobez délicatement les pétales de chocolat sans les briser.

Formez des rochers à l'aide de 2 cuillers à soupe et déposez-les sur un plat recouvert de papier d'aluminium. Mettez au réfrigérateur jusqu'à ce que ces petits gâteaux soient durcis.

# SALADE DE BILLES AU VIN DOUX

**4 pers.**   **Préparation : 10 min**

1 melon à point • ¼ de pastèque • 150 g de cerises • 8 cl de vin doux

## Réalisation

Ouvrez le melon en deux, retirez les graines et les filaments avec une petite cuiller et prélevez la chair avec une cuiller parisienne. Prélevez la chair de la pastèque. Lavez et épongez les cerises, équeutez-les et dénoyautez-les. Placez toutes les billes dans un saladier, mélangez-les, arrosez-les de vin doux, mélangez à nouveau et répartissez-les dans 4 verres. Servez frais.

# SALADE D'ORANGES ET DE FRAISES À LA MENTHE

**4 pers.** **Préparation : 10 min** **Cuisson : 5 min**

4 oranges • 12 fraises • 2 cuil. à soupe de sucre • 1 branche de menthe

## Réalisation

Versez le sucre dans une casserole, arrosez-le de 10 cl d'eau et faites chauffer jusqu'à ce que le sucre soit dissous.

Pelez à vif les oranges, répartissez-les dans 4 coupes.

Lavez, épongez et équeutez les fraises, coupez-les en 2 ou 4 selon leur taille, mettez-les dans les coupes, arrosez de sirop et décorez de feuilles de menthe. Servez frais.

# TABOULÉ SUCRÉ AUX AGRUMES

**4 pers.**   **Préparation : 10 min   Attente : 15 min**

200 g de semoule de blé moyenne • 1 citron • 3 oranges •
3 cuil. à soupe de sucre • 50 g de raisins secs • 3 branches
de menthe

## Réalisation

Mettez les raisins dans un bol, recouvrez-les d'eau
chaude et laissez-les gonfler environ 15 minutes.
Pressez le citron et les oranges. Mettez la semoule
dans un plat creux, arrosez-la avec le jus des fruits,
ajoutez le sucre. Mélangez à la fourchette et laissez
gonfler pendant 15 minutes. Égouttez les raisins,
ajoutez-les à la semoule. Parsemez de menthe hachée.
Servez à température ambiante.

# TARTE AUX NOIX DE PÉCAN

**4 pers.**   **Préparation : 15 min   Cuisson : 50 min**

> 1 fond de pâte brisée • 3 œufs • 150 g de cassonade • 50 g de beurre • 250 g de noix de Pécan • 1 cuil. à café de vanille en poudre • sel

## Réalisation

Sortez le beurre à l'avance du réfrigérateur.
Garnissez un moule de pâte en conservant le papier de cuisson. Préchauffez le four th. 6 (180 °C).
Fouettez le beurre dans un saladier avec la cassonade, une pincée de sel et la vanille jusqu'à ce que le mélange mousse. Incorporez les œufs entiers en fouettant toujours, puis les cerneaux de noix de Pécan entiers. Enfournez et laissez cuire pendant 50 minutes.
Laissez tiédir avant de démouler.

# TARTELETTES AU NUTELLA

| 4 pers. | Préparation : 15 min   Cuisson : 35 min |

1 rouleau de pâte sablée • 1 petit pot de Nutella • 2 jaunes d'œufs • 1 cuil. à soupe de sucre • 150 g de noisettes concassées • 100 g de chocolat noir • 30 g de beurre

## Réalisation

Préchauffez le four th. 6 (180 °C). Partagez le rouleau de pâte en 4. Tapissez 4 moules à tartelettes ou 4 ramequins de pâte. Piquez la pâte de coups de fourchette, recouvrez-la de papier d'aluminium et déposez dessus des légumes secs ou des billes de cuisson afin que la pâte ne gonfle pas à la cuisson. Mettez au four et faites cuire pendant 10 minutes. Retirez les billes et le papier et prolongez la cuisson pendant 5 minutes. Laissez refroidir les fonds de tarte.

Faites fondre le chocolat noir au bain-marie, ajoutez les jaunes d'œufs, le sucre et le beurre, et mélangez bien.

Mettez les noisettes dans une poêle et faites-les griller en les remuant constamment sur feu vif.

Répartissez le Nutella dans les tartelettes, recouvrez de crème au chocolat. Parsemez de noisettes et enfournez

Laissez cuire pendant 10 minutes. Laissez refroidir avant de déguster à température ambiante.

**Notre conseil :** si vous n'avez pas de moule à tartelette, utilisez un moule à tarte ou un plat rond en Pyrex.

# TARTINES AUX FIGUES

**4 pers.    Préparation : 5 min  Cuisson : 7 min**

4 tranches de pain brioché • 100 g de beurre + 20 g pour le plat • 100 g de sucre cristallisé • 6 figues

## Réalisation

Préchauffez le four th. 7 ( 210 °C). Beurrez un plat à four. Beurrez les tranches de pain brioché, puis saupoudrez-les de sucre. Déposez-les dans le plat et enfournez. Laissez cuire pendant 5 minutes environ.
Lavez les figues, essuyez-les délicatement. Coupez-les en lamelles. Déposez-les sur les tranches de pain et passez sous le gril pendant 2 minutes. Laissez tiédir avant de servir.

**Variante :** remplacez les figues par des fraises.

# VERRINES DE MOUSSE DE MARRONS AUX POIRES

**4 pers.** Préparation : 10 min

400 g de crème de marrons sucrée • 50 cl de crème liquide • 4 poires au sirop

## Réalisation

Mettez un saladier et la crème au réfrigérateur plusieurs heures avant de préparer cette mousse.

Versez la crème de marrons dans un saladier.

Fouettez la crème liquide très froide au batteur dans le saladier rafraîchi jusqu'à ce qu'elle ait la consistance d'une chantilly. Incorporez-la à la crème de marrons.

Égouttez les poires, coupez-les en dés. Répartissez dans 4 coupes un peu de mousse, quelques dés de poires et renouvelez jusqu'à épuisement des ingrédients. Mettez au frais en attendant de servir.

**Variantes :** vous pouvez remplacer les poires par des meringues émiettées et ajouter du chocolat fondu.

# YAOURTS AU MIEL ET AU CAFÉ

**4 pers.** **Préparation : 2 min** **Cuisson : 3 min**

4 yaourts veloutés nature • 2 cuil. à soupe de café lyophilisé •
2 cuil. à soupe de sucre en poudre • 3 cuil. à soupe de
miel

## Réalisation

Versez le café lyophilisé dans une tasse, arrosez-le
d'eau bouillante.

Versez le sucre et le miel dans une casserole, mouillez
avec 1 cuillerée à soupe d'eau et faites chauffer
pour obtenir un caramel blond. Arrosez de café et
poursuivez la cuisson jusqu'à ce que le mélange
devienne sirupeux.

Versez les yaourts dans 4 coupes ou 4 verres, arrosez
de miel au café.

# YAOURTS AUX POMMES

**4 pers.**    **Préparation : 10 min   Cuisson : 10 min**

3 pommes • 10 g de beurre • 4 cuil. à soupe de cassonade •
4 yaourts veloutés nature

## Réalisation

Épluchez les pommes et coupez-les en lamelles.
Faites fondre le beurre dans une poêle, faites dorer les
lamelles de pommes, saupoudrez-les de cassonade et
poursuivez la cuisson pour les laisser caraméliser.
Versez les yaourts dans 4 verres, répartissez dessus
les pommes chaudes. Servez immédiatement.

# INDEX DES RECETTES

•

## POISSONS

## VIANDES ET VOLAILLES

## LÉGUMES ET PÂTES

## DESSERTS, PETITS DÉJEUNERS OU GOÛTERS

# VOUS AVEZ AIMÉ CE LIVRE ?

Vous trouverez également dans la même collection

## LES TITRES CUISINE

- Recettes express • Tartes salées sucrées
- Pâtes • Recettes éco • Tartines et sandwichs
- Crêpes salées et sucrées • Crumbles • Soupes
- Recettes pour débutants • Recettes aux œufs • Barbecue
- Tartares et carpaccios • Wok • Quiches, tartes et tatins
- Gratins • Fêtes et fiestas • Tout chocolat
- Cakes salés et sucrés • Recettes pour Deux
- Desserts simplissimes • Recettes végétariennes
- Recettes provençales • Recettes du Pays basque
- Recettes d'Italie • Recettes du Maroc
- Salade express • Desserts aux fruits • Recettes juives
- Confitures, gelées et marmelades • Recette d'Espagne
- Recettes d'Asie • Recettes de grand-mère
- Recettes alsaciennes • Purées et mousselines
- Brunch et Lunch • Papillotes et bricks

## LES TITRES CUISINE / SANTÉ

- Recettes minceur, tome 4• Salades minceur
- Recettes pour bébé • Recettes pour diabétiques
- Recettes Oméga 3 • Recettes vapeur & minceur
- Menus minceur • Recettes minceur Épices et Aromates
- Menus minceur, tome 2 • Recettes anti-âge
- Recettes anti-cholestérol • Tout cru ! • Fibrissime !
- En-cas minceur • Minceur 2007 • Recettes anti-stress
- Boissons minceur

Pour être informé en permanence sur notre catalogue
et les dernières nouveautés publiées dans cette collection,
consultez notre site Internet à www.efirst.com